Lo que la gente está diciendo acerca del Apóstol Guillermo Maldonado y *Encuentro Divino con el Espíritu Santo*...

De todos los libros que tengo sobre el tema de cómo ser llenos del Espíritu Santo, yo ubicaría el nuevo libro del Apóstol Maldonado, *Encuentro Divino con el Espíritu Santo*, en el primer lugar de la lista, porque es el más práctico y útil para entender las realidades del ministerio relacionadas con el Espíritu. Es un gran libro, uno que altamente recomiendo a todo el que desee crecer en el entendimiento del Espíritu Santo; en especial, respecto a cómo ser guiado por el Espíritu y cómo el Espíritu Santo ayuda a crear fe en nuestras vidas. Me gusta un libro que ilustra las verdades con historias contemporáneas de personas que Dios está usando. La verdad crea en mí conocimiento y sabiduría; y las historias crean en mí inspiración y hambre por más de Dios. Bien hecho, Apóstol Maldonado. Gracias por darnos una maravillosa percepción de las cosas de Dios Espíritu Santo.

—*Randy Clark, D. Min, Th.D.*
Supervisor de la Red Apostólica Despertar Global
Fundador de Despertar Global

Encuentro Divino con el Espíritu Santo también podría ser llamado "Todo lo que usted quería saber sobre el Espíritu Santo y no sabía cómo preguntar". El Apóstol Maldonado explica cómo es la Persona del Espíritu Santo y lo lleva a darse cuenta que el Espíritu Santo es su Mejor Amigo —de hecho, su mejor todo. Esta enseñanza abre puertas a la intimidad no sólo con el Espíritu Santo sino también con Dios el Padre, Su Hijo, Su Palabra y lo sobrenatural. Renueve o comience su relación con el Espíritu Santo a través de las revelaciones contenidas en este profundo pero sencillo libro.

—*Marcus D. Lamb*
Fundador y Presidente de la Cadena de Televisión Daystar

Todos queremos ver el poder transformador que Jesús nos promete, ¡para vivir una vida próspera y abundante! Estamos creyendo que las naciones serán restauradas, que las ciudades serán transformadas y las personas serán empoderadas. Sin embargo, hay un proceso que tendremos que emprender: una relación íntima con el Espíritu Santo. Me gusta que el Apóstol Guillermo Maldonado, quien lidera uno de los movimientos cristianos más grandes del mundo, señale los encuentros divinos con el Espíritu Santo como el punto de partida para cambiar el mundo. Nuestra relación con el Espíritu de Dios literalmente juega un rol esencial, y si puede mantener activados en su vida los principios planteados en este libro, ¡verá el fruto de esa conexión divina en su diario vivir!

—*Shawn Bolz*
Personalidad de TV y autor de *Traduciendo a Dios*
www.bolzministries.com

¡El Apóstol Maldonado ha sido llamado por Dios a desmitificar lo sobrenatural y a hacerlo naturalmente sobrenatural!

—*Sid Roth*
¡Presentador de "¡Es Sobrenatural!"

El Apóstol Guillermo Maldonado es una de las personas más sobresalientes que jamás he conocido. Es un genio en el tema del Espíritu Santo, y es un ejemplo vivo de un hombre arraigado en una profunda relación con el Espíritu, que a diario vive con el resultado de su encuentro. Tan divino encuentro, también puede ser suyo.

—*Dra. Marilyn Hickey*
Ministerios Marilyn Hickey

Encuentro Divino con el Espíritu Santo lo llevará a un encuentro íntimo y profundo con Dios. El solo hecho de leer este libro le provocará experiencias sobrenaturales con Dios. El Apóstol Guillermo Maldonado ha vivido los principios y temas sobre los cuales escribe en estas páginas; como resultado, ha visto muchos más milagros que cualquiera en la era moderna. Yo me devoré las páginas de *Encuentro Divino*, y me dio más hambre por el Espíritu Santo, y a usted le pasará lo mismo.

—*Dra. Cindy Jacobs*
Generals International

Para mí es una bendición recomendar *Encuentro Divino con el Espíritu Santo* y al Apóstol Maldonado. Éste es el momento más crucial en la historia humana. Ahora más que nunca necesitamos tener una clara comprensión de quién es el Espíritu Santo y cómo Él obra en y a través de nosotros para llevar a los hombres a Jesucristo. Yo le insto a que compre este libro y no solo lo lea, sino que lo estudie (2 Timoteo 2:15). Mientras lo hace, pídale al Espíritu Santo que le dé un Encuentro Divino con Él. ¡Que los ojos de su corazón sean inundados de luz reveladora mientras lo busca! (Efesios 1:8)

—*Bobby Conner*
Ministerio Global Vista de Águila

Uno de los encuentros más fuertes que he tenido, con visitación del Espíritu Santo, ocurrió durante una reunión con el Apóstol Guillermo Maldonado. He notado un patrón en aquellos que se mueven en poderosas y sobrenaturales manifestaciones de Su gloria, especialmente en sanidades y milagros, como lo hace el Apóstol Maldonado. El denominador común es la fuerte intimidad con y la comprensión del Espíritu Santo. Ahora, a través de su más reciente libro, *Encuentro Divino con el Espíritu Santo*, usted aprenderá de sus propios momentos personales con el Espíritu Santo. También aprenderá cómo experimentar sus propios encuentros personales, que lo ayudarán a tocar esta generación con Su poder sobrenatural. ¡Lea las páginas de este libro y prepárese para una vida de encuentros divinos con el Espíritu de Dios!

—*Hank Kunneman*
Iglesia Señor de los Ejércitos y Ministerios Una Voz

ENCUENTRO DIVINO

CON EL

ESPÍRITU SANTO

GUILLERMO MALDONADO

WHITAKER
HOUSE
Español

Editores ERJ: José Miguel Anhuaman y Gloria Zura
Diseño de Portada: Juan Salgado

ENCUENTRO DIVINO CON EL ESPÍRITU SANTO
Publicado en inglés bajo el título: *Divine Encounter with the Holy Spirit*

Guillermo Maldonado
14100 SW 144th Ave.
Miami, FL 33186
www.elreyjesus.org

ISBN: 978-1-62911-900-7
eBook ISBN: 978-1-62911-901-4
Impreso en los Estados Unidos de América
© 2017 por Guillermo Maldonado

Whitaker House
1030 Hunt Valley Circle
New Kensington, PA 15068
www.whitakerhouse.com

1 2 3 4 5 6 7 8 9 10 11 12 ⊔⊔ 25 24 23 22 21 20 19 18 17

CONTENIDO

INTRODUCCIÓN:
LA PRESENCIA TRANSFORMADORA
DE DIOS EN LA TIERRA

A lo largo de los siglos, Dios se ha venido revelando progresivamente a la humanidad, y le ha manifestado Su amor, Sus características divinas y Su persona, pero sobre todo, Su esencia tripartita. Él siempre se revela a Sí mismo como el Uno, el único Dios verdadero que existe en tres personas: Dios Padre, a quien ningún hombre ha visto (Juan 1:18); Dios Hijo, Jesucristo, quien es el Verbo hecho carne que habitó entre nosotros (Juan 1:14); y Dios Espíritu Santo, quien es la persona de la Trinidad que continuamente guía, conforta y empodera a los creyentes (Juan 14:16). El Padre vive en el ámbito celestial; Jesús está sentado a la diestra del Padre, con autoridad para gobernar todo el universo; y el Espíritu Santo está activo en la tierra liderando la Iglesia.

El Espíritu Santo es el miembro más olvidado de la Trinidad, pese a que Su actividad en la tierra es esencial para nosotros como creyentes. Solemos ignorar Su obra, aunque al hacerlo nosotros somos los que más perdemos. Si queremos vivir la plenitud de Dios, debemos tener un entendimiento renovado de Su divinidad, de Su unidad con el Padre y el Hijo, y de Su indispensable obra en nuestras vidas.

LA UNIDAD DEL PADRE, EL HIJO Y EL ESPÍRITU SANTO

El Espíritu Santo coexiste con el Padre y el Hijo; Él comparte Su misma esencia y atributos, incluyendo la omnipresencia y omnisciencia. El Padre es el Creador o el Originador de todo lo que existe; el Hijo es quien revela al Padre y también el Mediador de la raza humana; y el Espíritu Santo es el Administrador de la revelación y la gracia de Dios. Los Tres son iguales, aunque cumplen funciones diferentes.

El Padre da testimonio del Hijo (Juan 5:37), el Hijo es testigo del Padre (vea, por ejemplo, Juan 8:38; 14:7), y el Espíritu Santo es testigo de Jesús (Juan 15:26). *"Tres son los que dan testimonio en el cielo: el Padre, el Verbo y el Espíritu Santo; y estos tres son uno"* (1 Juan 5:7). Durante Su vida en la tierra, Jesús habló más del Padre que de Sí mismo. De la misma manera, el Espíritu Santo no habla de Él, sino que testifica de Jesús y de Su obra terminada en la cruz. La asignación del Espíritu Santo es atestiguar de Jesús en la tierra, así como el Hijo da testimonio del Padre que está en el cielo.

En esencia, esto significa que cuando el Espíritu Santo viene sobre la vida de alguien, Jesús es revelado a esa persona. También quiere decir que, si alguien enseña o predica sin exaltar a Jesús, lo que habla no proviene de Dios y el Espíritu Santo no lo respalda. Para que el Espíritu Santo manifieste la presencia de Dios, Jesús debe ser revelado. Cuando un predicador exalta a Jesús, el Espíritu Santo se hace presente y confirma el origen divino del mensaje.

UN ACTIVO PARTICIPANTE EN LA GRAN OBRA DEL PADRE

En varios pasajes, la Biblia nos muestra que el Espíritu Santo fue un activo participante en toda la gran obra de Dios. Vemos que, *"En el principio creó Dios los cielos y la tierra... Y el Espíritu de Dios se movía sobre la faz de las aguas"* (Génesis 1:1–2). Adicionalmente, el Espíritu aparece envuelto por completo en la creación de la humanidad, cuando Dios dijo, *"Hagamos al hombre a nuestra imagen, conforme a nuestra semejanza"* (Génesis 1:26; vea también el verso 27). Específicamente Él estuvo envuelto en la milagrosa concepción de Jesús, tal como el ángel le dijo a María: *"El Espíritu Santo vendrá sobre ti, y el poder del Altísimo te cubrirá con su sombra; por lo cual también el Santo Ser que nacerá, será llamado Hijo de Dios"* (Lucas 1:35). También vemos al Espíritu Santo participando en la obra de salvación que Jesús completó en la cruz. En Hebreos 9:13–14, leemos,

> *Porque si la sangre de los toros y de los machos cabríos, y las cenizas de la becerra rociadas a los inmundos, santifican para la purificación de la carne, ¿cuánto más la sangre de Cristo, el cual mediante el Espíritu eterno se ofreció a sí mismo sin mancha a Dios, limpiará vuestras conciencias de obras muertas para que sirváis al Dios vivo?*

De la misma forma, Él estuvo presente en la resurrección de Cristo; por eso la Escritura dice, *"Y si el Espíritu de aquel que levantó de los muertos a Jesús mora en vosotros, el que levantó de los muertos a Cristo Jesús vivificará también vuestros cuerpos mortales por su Espíritu que mora en vosotros"* (Romanos 8:11). También vemos al Espíritu tomando parte directa en el nacimiento de la iglesia:

> *Cuando llegó el día de Pentecostés, [los seguidores de Jesús] estaban todos unánimes juntos. Y de repente vino del cielo un estruendo como de un viento recio que soplaba, el cual llenó toda la casa donde estaban sentados; y se les aparecieron lenguas repartidas, como de fuego, asentándose sobre cada uno de ellos. Y fueron todos llenos del*

Espíritu Santo, y comenzaron a hablar en otras lenguas, según el
Espíritu les daba que hablasen.   (Hechos 2:1)

Como presencia transformadora, el Espíritu Santo continúa siendo un activo participante en las grandes obras de Dios en la tierra, especialmente restaurando a los creyentes en espíritu, alma y cuerpo, hasta que se conviertan en la novia pura de Cristo, y sean empoderados para predicar el evangelio del Reino. De la misma forma que Jesús ministró en la tierra, el Espíritu Santo ministra hoy aquí, haciendo la voluntad del Padre quien lo envió. Esto mantiene a las tres personas de la Trinidad en completa y constante unidad, ya que Ellos trabajan para el mismo propósito y con la misma mente. Una vez más, los Tres son indivisibles, y la única diferencia entre ellos son las funciones que cumplen y sus ámbitos de operación.

A través de *Encuentro Divino con el Espíritu Santo*, usted comprenderá muchas verdades esenciales acerca del Espíritu de Dios y su relación con Él. Obtendrá respuestas a preguntas que muchos creyentes se hacen, tales como: ¿Cuáles son las características del Espíritu Santo? ¿Cuáles son Sus funciones y cuál es Su propósito? ¿Cómo fluye el Espíritu Santo entre nosotros? ¿Cómo sabemos que verdaderamente estamos bajo el liderazgo y la guía del Espíritu? ¿Cómo nos acerca el Espíritu Santo al Padre y a Jesús? Además, descubrirá cómo la supervivencia de la Iglesia depende de que entendamos el rol fundamental que juega el Espíritu Santo en los eventos de los últimos tiempos —los cuales han producido Su actual derramamiento—, y cómo Él se mueve sobre la faz de la tierra y en nuestras vidas.

Ahora, lo invito a tener un *encuentro divino con el Espíritu Santo*, a través del cual usted podrá establecer una relación personal, íntima y transformadora con Dios, en toda Su plenitud, como Padre, Hijo y Espíritu Santo.

UN ENCUENTRO SOBRENATURAL
CON EL ESPÍRITU SANTO

De acuerdo al registro bíblico, cada persona que fue llamada por Dios al ministerio tuvo un encuentro sobrenatural con Él; y éste fue personal y diferente en cada caso.

Dios llamó a Abraham con voz audible (vea, por ejemplo, Génesis 12:1–3; 17:1–22). El Señor llamó a Jacob a través de un sueño (Génesis 28:10–17), y a José a través de dos sueños (Génesis 37:5–10). A Moisés lo comisionó desde una zarza ardiendo (Éxodo 4:4–6). Isaías fue llamado a través de una visión del trono de Dios (Isaías 6:1–5). A Pablo lo llamó a través de la voz audible de Jesús, acompañada por el resplandor de Su divina gloria (Hechos 9:3–19).

Además, todos los hombres y mujeres que fueron llamados y usados por Dios tenían esto en común: ellos impactaron sus generaciones, territorios, sociedades, gobiernos y naciones con el reino de Dios. Lo que provocó tal impacto, en cada caso, fue el encuentro sobrenatural con Su Espíritu Santo.

En los tiempos modernos, Dios sigue usando métodos sobrenaturales para comisionar y empoderar a Su pueblo para impactar el mundo con Su reino. Como vemos, a cada hombre Él le da su propia experiencia y lo llama de manera personal y única. A veces Él usa visiones angelicales, sueños, incluso experiencias dramáticas con el cielo o el infierno, a fin de prepararnos para soportar la adversidad, la persecución, el rechazo y la traición. En medio de todas esas pruebas, los encuentros sobrenaturales nos fortalecen para perseverar, mientras somos llenos de temor santo.

En mi caso, Dios me llamó con voz audible y me dio una asignación específica: "Yo te he llamado a traer Mi poder sobrenatural a esta generación". Desde entonces, todos mis esfuerzos apuntan a esa dirección. El poder y la presencia de Dios no funcionan al azar, sino que siempre tienen un claro y definido propósito. Él quiere demostrar Su poder sobrenatural a través de nosotros, y para que esto suceda nos da un encuentro con el Espíritu Santo, conforme al propósito único que tiene para nosotros.

> **Cada uno debe aceptar con mansedumbre la manera que Dios elige para llamarlo, de modo que pueda cumplir su comisión en la tierra.**

CAMBIO, EMPODERAMIENTO E IMPACTO

Todo encuentro sobrenatural con Dios incluye cambio, empoderamiento e impacto. Envuelve una manifestación, ya sea visible o invisible, en la cual Dios se presenta o se introduce ante nosotros, de tal manera que nuestro corazón es radicalmente transformado, y somos empoderados para impactar nuestra generación. La revelación que Dios da no es con el propósito de hacernos más inteligentes o admirados, sino para que tengamos un encuentro con Él a diario, tal como lo tenían Adán y Eva en el jardín del Edén (Génesis 3:8) y recibamos fresca unción. Dios quiere que tengamos encuentros íntimos y continuos con Él; no algo esporádico o poco frecuente; quiere vernos cara a cara en Su presencia por medio de Su Espíritu Santo.

El hombre fue creado para vivir en la presencia de Dios y llevarla donde quiera que va.

En las páginas del Nuevo Testamento encontramos a Saulo de Tarso (posteriormente llamado Pablo), un hombre muy educado, de quien se cree que tenía una de las mentes más privilegiadas de su época, que podía citar la Torá de principio a fin, que conocía bien la tradición de Israel y era celoso de la Ley. Sin embargo, nada de eso cambió su corazón ni transformó su vida, porque aún no había recibido la revelación de quién era Jesús. Eso demuestra cómo una persona puede tener la verdad sobre Dios en su mente, pero no en su corazón. Si usted no ha experimentado una significativa transformación personal, es porque la Palabra de Dios no se le ha revelado por completo o no la ha aceptado. Usted puede ser alguien que estudia mucho acerca de Dios, pero realmente no *conocerlo*; puede leer acerca del Reino, pero no vivir en él.

El llamado de Pablo nos muestra el camino al cambio, empoderamiento e impacto. Antes de conocer a Jesús era un fanático religioso y legalista. Incluso creía que encarcelando cristianos, honraba a Dios (Hechos 8:3). Sin embargo, cuando tuvo un encuentro con Jesús por medio del poder del Espíritu Santo, su arrepentimiento y transformación fueron tales, que se convirtió en el apóstol más grande de la historia, impactando gran parte del mundo conocido de su época y escribiendo trece libros del Nuevo Testamento.

Así fue como Pablo tuvo un encuentro cara a cara con Jesús el Mesías:

Saulo, respirando aún amenazas y muerte contra los discípulos del Señor, vino al sumo sacerdote, y le pidió cartas para las sinagogas de Damasco, a fin de que si hallase algunos hombres o mujeres de este camino, los trajese presos a Jerusalén. Mas yendo por el camino, aconteció que al llegar cerca de Damasco, repentinamente le rodeó un resplandor de luz del cielo; y cayendo en tierra, oyó una voz que le decía: Saulo, Saulo, ¿por qué me persigues? Él dijo: ¿Quién eres, Señor? Y le dijo: Yo soy Jesús, a quien tú persigues; dura cosa te es dar coces contra el aguijón. Él, temblando y temeroso, dijo: Señor, ¿qué quieres que yo haga? Y el Señor le dijo: Levántate y entra en la ciudad, y se te dirá lo que debes hacer. (Hechos 9:1–6)

Desde el momento que Pablo tuvo ese encuentro con Jesús, cambió por completo. Su transformación fue multidimensional, porque afectó todas las áreas de su vida: su manera de pensar, sentir y vivir. ¡Fue un cambio radical!

Para algunos, tener un encuentro con Dios resulta en un cambio drástico e inmediato; para otros el cambio es progresivo. De la misma forma, algunas personas entienden al instante la revelación que acaban de recibir en su encuentro con Dios; se apropian de ella y emprenden el llamado o las instrucciones que Dios les da, tal como le pasó a Pablo cuando fue advertido por el Señor, por medio de una visión, para que saliera de Jerusalén (Hechos 22:17–18). A otros les puede tomar tiempo percibir la presencia de Dios y Su revelación, como le pasó a Jacob en Génesis 28:16 cuando dijo: *"Ciertamente Jehová está en este lugar, y yo no lo sabía"*.

TIPOS DE ENCUENTROS CON EL ESPÍRITU SANTO

Antes de la venida de Jesús, los encuentros con Dios estaban reservados principalmente para quienes tenían un papel clave en la edificación del pueblo de Dios y quienes participarían en Su plan de salvación para la humanidad, preparando el camino para la venida del Mesías. Sin embargo, después que Cristo resucitó y se sentó a la diestra del Padre, Él envió al Espíritu Santo para permanecer con *todos* los creyentes y continuar Su ministerio en la tierra. De ahí que ahora podemos tener encuentros sobrenaturales con el Espíritu de Dios, no como un evento aislado, sino como un estilo de vida.

Según la forma como se originan, podemos distinguir dos tipos de encuentros sobrenaturales:

1. Los que son dados por Dios conforme a Su soberanía.

2. Los que son buscados por los hijos hambrientos y sedientos.

ENCUENTROS DADOS POR DIOS CONFORME A SU SOBERANÍA

Muchos cristianos en el mundo occidental pueden pensar que tener un encuentro con el Dios viviente es algo opcional o que está "disponible a petición". Aunque su actitud esté errada, al menos saben que es posible tener un encuentro. Y Dios soberanamente puede elegir si se revela a Su pueblo, aunque no lo estén buscando. Pero ¿qué pasa con quienes no conocen a Dios, aquellos que viven en naciones donde el cristianismo no es conocido ni se practica porque es ilegal? ¿Cómo puede la gente de esos países buscar encuentros con Dios a través del Espíritu Santo, si nunca antes oyeron de Él ni saben cómo alcanzarlo? Ésa es una situación especial donde soberanamente el Señor le concede al pueblo encuentros divinos.

Los siguientes son varios testimonios que me fueron relatados por personas que asistieron a un Encuentro Sobrenatural que realicé en la India. Ninguno de ellos había experimentado a Dios hasta que milagrosamente un día, Él mismo se les reveló y tuvieron un encuentro divino:

Ryan es un joven hindú que nunca había visto ni leído una Biblia, hasta que una noche tuvo una visión. La que sigue es su historia: "Me senté a los pies de Jesús y Él me leyó el Salmo 91 diciendo: 'Esta es mi palabra para ti'. Al día siguiente, junto con mi padre leímos ese capítulo de la Biblia. Mi padre estaba tan feliz que su hijo había oído la voz de Dios y aprendido una parte de la Escritura, pero le dije: 'Papá nunca antes había leído o abierto la Biblia; Jesús se me apareció en una visión'.

"¿Cómo puedo relatar lo que me pasó? Sólo puedo describirlo como Su gloria. Yo no sabía quién era el Espíritu Santo. No pude ver el rostro de la Persona que me habló; todo lo que vi era luz. Su ropa era luz brillante y también sus pies, pero yo supe que era Jesús".

Una mujer hindú de Dubái testificó que cuando tenía 28 años tuvo una experiencia similar, pese a no ser cristiana: "Mientras dormía, una luz brillante entró en mi habitación y al despertarme vi a Jesús parado frente a mí. Mi cuarto se llenó de una luz blanca, y Él llevaba una túnica blanca y tenía los brazos abiertos de par en par. Pude ver que sus manos tenían los agujeros de los clavos y cuando miré sus pies vi sangre. Todo lo que dijo fue, 'Ven a Mí, estoy esperando por ti'. En aquel tiempo yo era hindú; pero hace un momento, mientras estábamos orando y tenía mis manos levantadas, sentí como si alguien estuviera sosteniendo mis manos, y otra vez vi esa brillante luz blanca. ¡Vi a Jesús delante de mí, mientras estábamos orando!"

Otro testimonio impactante es el de Matthew, un hombre de negocios hindú, quien antes de reconocer a Jesús como su Señor y Salvador, enfrentó graves problemas financieros y estuvo a punto de suicidarse lanzándose en su carro a un precipicio. A veces, algo sobrenatural ocurre cuando una persona llega a un punto donde ya no puede continuar de la misma manera. Entonces el Espíritu Santo lo guía a conocer al Padre y a Su Hijo Jesucristo. Esto fue lo que Matthew testificó:

"Cuando tenía treinta años, mientras conducía agobiado por las grandes deudas que no podía pagar, mi carro se llenó de algo que no podría explicar. Creo que era la gloria de Dios. Pude ver a Jesús sentado a mi lado, mirándome. No tengo palabras para describirlo. Era tan real que sentí que podía tocarlo y le oí claramente decir: '¿No crees en mí? Yo soy el que liberó al pueblo de Israel, y durante cuarenta años lo sostuve sin que careciera de nada. Mi hijo, tú eres solo uno; ¿cómo no podría cuidar de ti también?'

"Sentí como si me fuera a dar un ataque al corazón; así que detuve mi carro a un lado de la vía, salí y me senté en la carretera. No sabía lo que estaba sucediendo. Entonces di la vuelta en U, dejando atrás el abismo al que me iba a lanzar y le dije: 'Jesús, quiero recordar este lugar siempre'. Unos días más seguí en medio de mi lucha financiera, pero ahora sabía que Dios estaba en control de mi vida. Una semana después, un hombre a quien no conocía tocó a mi puerta y me entregó unos papeles; ¡era el título de propiedad de mi casa! Solo me dijo que era un regalo para mí y se fue. A partir de ese momento mi vida dio un giro. Ahora soy un apóstol de Jesucristo, pastoreo una iglesia de más de 75 mil personas y Dios continúa manifestándose en mi vida".

ENCUENTROS BUSCADOS POR LOS HIJOS DE DIOS HAMBRIENTOS Y SEDIENTOS DE ÉL

El segundo tipo de encuentro sobrenatural es uno directamente buscado por el pueblo de Dios. Mientras muchos encuentros divinos reportados en la Biblia fueron inesperados, como el de Pablo en el camino a Damasco, otros fueron diligentemente buscados, como en el caso de la mujer con el flujo de sangre (Lucas 8:43–48). De hecho, Jesús mismo buscó un encuentro con Dios el Padre cuando fue al Jordán para ser bautizado por Juan (Mateo 3:13–17).

Quiero reafirmar que el número de veces que uno puede tener un encuentro con el Espíritu Santo no tiene límite; tampoco Dios tiene preferencia por unos y desestima a otros. Los encuentros son una promesa para todos los creyentes y están disponibles veinticuatro horas al día. Sin embargo, como veremos más adelante, nuestra experiencia con Él dependerá del grado de hambre y sed espiritual que tengamos. Si no son soberanamente dados por Dios, nosotros podemos buscarlos, porque los encuentros divinos están prometidos en la Escritura.

Hace algunos años, estando en un hotel en Colombia, mientras me preparaba para una gran cruzada, tuve un encuentro con Dios el Padre. Estaba orando, cuando de repente sentí unos pasos, como si una persona entrara a mi habitación. Entonces escuché la voz de Dios que me dijo:

"Tú me conoces como Salvador, pero no me conoces como Padre". En ese momento, comencé a llorar de manera desconsolada. Yo llevaba varios años en el ministerio y, sin embargo, todavía tenía muchos temores y sentimientos de rechazo; a menudo lidiaba con inseguridades ministeriales y personales. Ese encuentro sobrenatural con Dios como mi Padre me cambió la vida por completo. Él me dijo: "De tus lomos saldrán hijos que impactarán al mundo con Mi poder sobrenatural". Y así ha sido y continúa cumpliéndose en mi vida.

Por Su gracia, he levantado miles de hijos e hijas espirituales alrededor del mundo. Hoy, ellos son gente exitosa que impacta más de cuarenta países, llevando transformación a las naciones, gobiernos y sociedades donde viven. Lideran poderosas iglesias y ministerios de todos los tamaños, donde con frecuencia se producen milagros, señales y maravillas. Todo gracias a la paternidad de Dios que recibí en aquel encuentro. Decenas de miles de vidas han sido transformadas porque yo recibí el Espíritu de adopción por el cual llamo a Dios *"Abba Padre"* (Romanos 8:15). Él borró todas mis inseguridades y me hizo creer en hombres y mujeres que necesitaban aceptar la misma paternidad para cumplir el propósito del Señor para sus vidas. Todo esto me ha llevado a vivir en un constante deseo de conocer más a Dios y recibir más de Él para ministrarles a otros, y los encuentros sobrenaturales con Su Espíritu Santo son la clave para recibir lo que necesito.

EL ORDEN DE UN ENCUENTRO SOBRENATURAL

Aun cuando hay muchos aspectos que envuelven un encuentro sobrenatural con Dios, podemos resumir este proceso en tres etapas fundamentales:

1. UN IMPACTO QUE TRAE CAMBIO Y EMPODERAMIENTO PERMANENTE

Cuando alguien tiene un encuentro personal y verdadero con Cristo como su Salvador, su corazón queda impactado por el amor y la gracia de Dios, y la certeza de saber que necesita ser perdonado y rescatado por Él. Pero después de la salvación esa persona necesita continuar siendo impactada por medio de encuentros frecuentes con el Espíritu Santo, los cuales le empoderan para ser transformada y servir. Si el encuentro con Jesús como Salvador no va seguido de encuentros continuos con el Espíritu Santo, se corre el riesgo de perder el fruto del encuentro de la salvación, que es el cambio permanente.

Sin embargo, ¿cuántos creyentes creen que haber tenido un encuentro con Cristo como Salvador es suficiente? Algunos piensan que después de eso ya no hay más qué buscar; otros endurecen sus corazones y se contentan solo con el encuentro inicial de salvación. Lo cierto es que Dios quiere manifestarse a nosotros de manera continua como el Todopoderoso; ¡como Padre, Proveedor, Hacedor de Milagros, Sanador, Protector, Defensor, Liberador y Suplidor de todo lo que necesitamos!

2. GENERA UN PROFUNDO DESEO POR MÁS DE LA PRESENCIA DE DIOS

Un encuentro con el Espíritu Santo también produce en nosotros lo que a la mayoría de creyentes les ha faltado en su vida: un profundo deseo por la continua presencia de Dios. Por eso, quienes han tenido un encuentro divino, de repente sienten un deseo insaciable por más de Dios, y comienzan a buscarle e ir detrás de Él. No quieren vivir fuera de Su presencia, no quieren volver al mundo, a la soledad, a la maldad ni al pecado. Ese deseo permanente por más de Dios abre las puertas para que el Espíritu Santo siga trabajando en ellos y a través de ellos.

Un deseo por más de Dios garantiza actividad sobrenatural divina. Donde no hay hambre de Dios, el Señor no tiene con qué trabajar.

3. UN NIVEL DE IMPACTO DETERMINADO POR EL NIVEL DE TRANSFORMACIÓN DEL CORAZÓN

Cuando alguien entra en un nuevo nivel de relación con Dios a través de un encuentro divino, el poder del Espíritu Santo comienza a operar en él o ella. Antes mencioné que éste puede producir cambios instantáneos o graduales, y eso depende del nivel de impacto que el encuentro haya provocado en esa persona. Dicho de otra manera, un encuentro con el Espíritu Santo nos llevará a experimentar una transformación tan drástica, como haya sido el hambre por Dios que la haya provocado.

Es cierto que todo encuentro con Dios puede producir un mayor o menor impacto en la vida de alguien, ya que todos somos diferentes, y Él nos trata a todos de una forma especial. Sin embargo, lo que quiero enfatizar aquí es que, si resistimos la obra de Dios con nuestras propias ambiciones o motivaciones personales, podemos obstaculizar el poder o la inmediatez del impacto. La Biblia nos muestra que, de los doce discípulos de Jesús, todos siguieron Sus pasos menos uno. Judas se sintió decepcionado porque su encuentro con Jesús no resultó lo que él esperaba; quizá había anticipado que Jesús sería el gobernante de un reino político en lugar de un reino espiritual. Además, la codicia lo controló y terminó vendiendo a Jesús para que lo mataran, porque no aceptó que su encuentro con el Hijo de Dios le cambiara la vida radicalmente y para siempre. Por eso Jesús les dijo a Sus discípulos, *"¿No os he escogido yo a vosotros los doce, y uno de vosotros es diablo?"* (Juan 6:70).

El nivel de cambio siempre será proporcional al impacto del encuentro sobrenatural.

Algunos pueden experimentar un bajo nivel de impacto en sus vidas después de un encuentro divino, porque son "tocados, pero no cambiados". Así que debemos mantenernos alertas ante esta posibilidad y estar prevenidos contra ellos. Ahora, volvamos a tomar a Judas como ejemplo. Judas tuvo un encuentro inicial con Jesús, caminó con Él por tres años y medio como Su discípulo, vio a Jesús realizar milagros y señales, vio la resurrección de muertos y la multiplicación sobrenatural de comida para alimentar a la multitud que seguía a su Maestro. Seguramente él oyó todas Sus enseñanzas, fue alcanzado por el amor del Padre que Jesús les impartía a todos por igual. Podría decir incluso que Judas fue usado por Cristo para devolverles la vista a los ciegos, el oído a los sordos y echar fuera demonios. En suma, Jesús lo trató igual que a Sus otros discípulos. Sin embargo, pese a que Judas estuvo expuesto a la presencia y el poder de Dios, nunca permitió que esos encuentros produjeran real transformación en su corazón. Judas *fue tocado, pero no cambiado*.

Varios siglos antes, cuando el pueblo de Israel fue liberado de la esclavitud de Egipto, Faraón fue tocado por las demostraciones del poder de Dios. Como resultado, cuando vio que la plaga de langostas consumía todas sus cosechas, *"Faraón se apresuró a llamar a Moisés y a Aarón, y dijo: He pecado contra Jehová vuestro Dios, y contra vosotros. Más os ruego ahora que perdonéis mi pecado solamente esta vez, y que oréis a Jehová vuestro Dios que quite de mí al menos esta plaga mortal"* (Éxodo 10:16–17). Faraón *fue tocado, pero no cambiado*; apenas se vio libre de la plaga, su corazón volvió a endurecerse, negándose a cumplir la voluntad de Dios. Vio pasar cada una de las plagas, vio morir a su primogénito y, aun así, salió a perseguir al pueblo que había liberado; por eso terminó perdiendo todo su ejército en el fondo del Mar Rojo.

El pueblo de Israel que fue liberado de Faraón tuvo el mismo problema de corazón. Ellos fueron tocados por Dios con señales y maravillas. Sin embargo, durante los cuarenta años que estuvieron en el desierto, constantemente se quejaron, se rebelaron y se volvieron contra Dios. Esto prueba que el pueblo de Israel también *fue tocado, pero no cambiado*. Por eso, la ley de Moisés fue escrita sobre piedra, como una manera de simbolizar la dureza de corazón de los israelitas.

En contraste, cuando el profeta Isaías vio la gloria de Dios quedó tan impactado que tuvo una convicción inmediata:

Entonces dije, ¡Ay de mí! que soy muerto; porque siendo hombre inmundo de labios, y habitando en medio de pueblo que tiene labios inmundos, han visto mis ojos al Rey... Y voló hacia mí uno de los serafines, teniendo en su mano un carbón encendido, tomado del altar con unas tenazas; y tocando con él sobre mi boca, dijo: He aquí que esto tocó tus labios, y es quitada tu culpa, y limpio tu pecado.

(Isaías 6:5–7)

Isaías sintió el impacto de aquel encuentro divino y abrió su corazón. De inmediato reconoció su condición de pecador y, casi setecientos años antes de la venida de Jesús, sus pecados fueron perdonados. Su transformación fue tal que se convirtió en la voz de Dios para su época y las generaciones por venir.

¿Será posible que alguien en nuestros días permita ser solamente tocado por Dios, pero no cambiado? Aunque parezca increíble, en la iglesia moderna es frecuente ver gente como Judas o Faraón, que pese a haber sido tocados por el Espíritu Santo, endurecen su corazón y no se dejan transformar. Cuando alguien tiene un encuentro verdadero con el Espíritu Santo, un deseo ardiente y una fuerte pasión por buscar y recibir más de Dios se enciende dentro de él o ella, el cual impacta su vida de continuo. ¡Dios quiere que usted tenga un encuentro genuino con Su Espíritu Santo que transforme su vida desde hoy y para siempre!

Las áreas de nuestra vida que se resisten al cambio son aquellas donde no se quiere a Dios; en ellas el Espíritu no puede fluir ni vivificarnos.

EL PROPÓSITO DE DIOS PARA LOS ENCUENTROS SOBRENATURALES

Ahora que sabemos que Dios quiere darnos encuentros sobrenaturales con Su Santo Espíritu, echemos una mirada más profunda al propósito específico que Él tiene para esos encuentros. Todo lo que Dios hace tiene un propósito, nada en Él ocurre por casualidad, incluso los encuentros sobrenaturales con el Espíritu Santo y la impartición de Su poder. Los encuentros con el Espíritu de Dios son dados para:

1. PERDER LA CONCIENCIA DE UNO MISMO Y QUE DIOS SEA NUESTRA COMPLETA REALIDAD

He observado que el nivel de impacto que un encuentro divino tiene sobre la vida de una persona depende de su nivel de rendición al Espíritu Santo. Eso significa que es determinado por cuánto él o ella espontáneamente rinden a la voluntad de Dios; cuánto pueden renunciar a sus deseos y pensamientos egoístas; cuánto permiten ser controlados por el Espíritu Santo en lugar de ser controlados por su naturaleza carnal; y cuánto confían en el Señor. Para eso debemos liberar nuestra conciencia, tanto de fortalezas como de debilidades.

> **La evidencia de un encuentro sobrenatural con el Espíritu Santo es la pérdida de conciencia de uno mismo y un mayor deseo por la presencia de Dios.**

Adán fue consciente de su desnudez, solo cuando dejó de estar consciente de Dios y apartó sus ojos de Él. Cuando él y su mujer pecaron, *"Entonces fueron abiertos los ojos de ambos, y conocieron que estaban desnudos"* (Génesis 3:7). De la misma manera, muchos están tan conscientes y concentrados en sí mismos que han perdido por completo la conciencia de Dios. El grado de impacto en un encuentro con el Espíritu Santo se refleja en el grado de pérdida de la conciencia de sí mismos, de renuncia a los deseos de la carne y a los pensamientos egoístas. Solo así estaremos plenamente conscientes de Dios y de Su Santo Espíritu.

2. CAMBIAR Y TRANSFORMAR NUESTRO CORAZÓN

Por tanto, nosotros todos, mirando a cara descubierta como en un espejo la gloria del Señor, somos transformados de gloria en gloria en la misma imagen, como por el Espíritu del Señor.

(2 Corintios 3:18)

Como vimos en los ejemplos de Isaías y del apóstol Pablo, cuando alguien tiene un encuentro sobrenatural genuino, éste causa tal impacto que transforma el corazón y la vida de esa persona. La gente que ha sido cambiada de esa forma es empoderada para impactar la sociedad donde vive. Además, es imposible que alguien tenga un encuentro con el Espíritu de Dios y continúe conformado a su vieja manera de vivir: en pecado, apartado del Padre, consumiendo drogas o alcohol; sumido en la inmoralidad sexual, la depresión, la pobreza o la enfermedad; atado a las maldiciones, el odio, la envidia o participando en cualquier otra práctica destructiva de la que una vez salió.

Es verdad que hay gente que luego de haber tenido un encuentro con Dios ha vuelto a la religión, la tradición o a las iglesias muertas donde se rechaza al Espíritu Santo. Incluso, después de experimentar lo sobrenatural, vuelven a lo natural. Eso significa que ellos *fueron tocados, pero no cambiados* por el encuentro, tal como lo expresé anteriormente.

Cuando alguien tiene un encuentro divino con el Espíritu Santo, llega a experimentar una realidad espiritual que no había conocido antes. Una vez que la conoce, esa persona es responsable de permanecer en ella, porque ésa es la atmósfera de la verdadera vida. Si regresa al mundo corre serios riesgos; aun su vida física peligra. Si regresa a la tradición, a la religión o al viejo ambiente de donde fue liberado, puede perder su familia, incluso su salvación. De hecho, conozco gente que volvió atrás y ahora están divorciados, enfermos, desanimados, pobres, deprimidos y vacíos de la vida de Dios. Cuando nos alejamos de la obra del Espíritu Santo, dejamos de progresar, nos estancamos y vivimos fuera de nuestra identidad y propósito. ¡Para mí esa no es vida!

Si continúa luchando con el pecado o la opresión sin poder vencerlos, usted necesita urgentemente tener un encuentro con el Espíritu Santo. Clame a Dios por un encuentro que lo *transforme radicalmente*. Cuando tenemos un encuentro divino recibimos una libertad que es imposible encontrar apartados de Él. Su presencia nos trae revelación del trono de Dios y de la vida abundante que sólo Él puede darnos. De hecho, es imposible vivir en la presencia de Dios sin ser cambiados espiritual, mental, emocional y físicamente.

> **Una persona que es transformada por el Espíritu Santo recibe la impartición de la vida eterna en la presencia de Dios.**

Lo importante es vivir en un estado de cambio permanente, por medio de encuentros sobrenaturales continuos con el Espíritu Santo. Ser perennemente transformados por Él está ligado a nuestra integridad para vivir según las realidades espirituales que creemos, experimentamos y proclamamos. Este punto es especialmente crucial para los ministros del evangelio. Nosotros estamos llamados a guiar a los creyentes y debemos predicar la Palabra de Dios continuamente; sin embargo, debemos vivir o *experimentar* los mensajes *antes* de predicarlos. No podemos hablar del Espíritu Santo sin conocerlo previamente, porque entonces no podremos llevar a nadie a que lo conozca.

¿Por qué ocurre eso? Porque la voluntad de Dios es que impartamos Su vida, Su santidad y Su Reino, a fin de cambiar vidas. En el Reino de

Dios, la verdad espiritual no solamente se enseña, sino que se imparte a los creyentes a medida que recibimos revelación y experimentamos la realidad espiritual. Dios sabe que si predicamos sin haber experimentado el poder sobrenatural que nos mueve al cambio, las fuerzas de las tinieblas nos acusarán por predicar sobre un área de nuestra vida que aún no ha sido transformada. Y Dios, como juez justo, no podrá evitar que las consecuencias vengan sobre nosotros, pues estaremos operando fuera de Su gracia.

Todo predicador, antes de subir al púlpito a enseñarle a otros acerca de cómo vivir conforme a la Palabra de Dios, debería haber tenido una transformación genuina en el área que predica. Si yo no he sido impactado ni transformado antes de pararme a predicar una verdad, carezco de autoridad para enseñarla; porque ésa no es una realidad para mí. Esa palabra no contendrá la vida del Espíritu, porque el Espíritu de Dios solo opera en un ámbito de integridad. Hacer lo contrario, solo nos llevará a vivir conformados a la religión, en lugar de vivir según la verdad transformadora de Dios. Por tanto, cuando Dios nos da una revelación, debemos permitir que Su Espíritu transforme primero nuestro corazón. Entonces, Él se manifestará a quienes nos escuchan, transformándolos y empoderándolos, a medida que proclamamos esa revelación.

> **Tras un encuentro con el Espíritu Santo, lo sobrenatural se convierte en un estilo de vida.**

3. QUE JESÚS SE VUELVA REAL EN NOSOTROS

Un encuentro con el Espíritu Santo hace que Jesús sea real en nuestra vida. De hecho, ésta es una necesidad imperativa y esencial para cada creyente y especialmente para cada ministro de Dios. Cristo debe ser más real para nosotros, que las personas a quienes les predicamos. Si el Espíritu Santo no hubiera sido más real para mí que la misma gente a la que le predico, hace mucho hubiese tirado la toalla.

Muchos me traicionaron, hablaron mal de mí y me rechazaron, pero como para mí Dios es más real que ellos, he podido seguir obedeciendo mi llamado.

En los tiempos que vivimos, con las circunstancias y retos que enfrentamos a diario, tenemos que estar seguros que el Cristo resucitado es más real que todo y más real que todos. Él es más real que la enfermedad, la opresión, la depresión, los problemas financieros y matrimoniales, las traiciones, la ingratitud y las traiciones. ¡Cristo es eternamente real!

Y para usted, ¿qué es más real, sus problemas, sus pecados, el miedo, la enfermedad, o el Hijo de Dios? ¿Es Jesús más real que la crítica y la persecución?

Sin el Espíritu Santo, sucumbiremos ante las circunstancias adversas.

Cuando Moisés tuvo un encuentro con el fuego de Dios (Éxodo 3), el Padre vino a ser más real que el Faraón y sus consejeros; más real que los brujos egipcios y hasta más real que la profundidad de las aguas del Mar Rojo (Éxodo 14). Moisés necesitó ese encuentro sobrenatural para saber que Dios era más real que todas las circunstancias y persecuciones que tuvo que enfrentar. La naturaleza sobrenatural demoniaca está basada en la mentira y el engaño; es decir en lo falso. En cambio, el ámbito sobrenatural de Dios está basado en la verdad, porque es *real y verdadero*.

En la actualidad, muchas iglesias ya no reconocen el poder transformador del Espíritu Santo, porque no se predica la verdad acerca de Él, pero hoy el Espíritu de Dios quiere hacerse real en nuestras vidas y hacer que Jesús también sea real para todos. Jesús es *"el camino, la verdad y la vida"* (Juan 14:6). Como creyente, la naturaleza de Dios está dentro de usted; sin embargo, permítame preguntarle una vez más, ¿qué tan real es esa naturaleza para usted? ¿Qué tan real es para usted Jesús y Su obra terminada en la cruz?

El Espíritu Santo es *"el espíritu de verdad"* (Juan 14:17). Cuando tenemos un encuentro con la tercera Persona de la Trinidad, Él trae la realidad del Edén de regreso a nuestra vida. En esa realidad conocemos quién nos creó, adónde pertenecemos, y entendemos el poder que está disponible para nosotros. El Espíritu nos revela que la Palabra de Dios es verdadera; que Jesucristo y Su sangre redentora son reales; que el Padre, Su unción y Su presencia también son reales. Entendemos que el diablo, el pecado y la carne, son reales, pero que en Cristo nosotros somos más que vencedores.

Toda área que no está bajo la influencia del Espíritu Santo estará bajo el control de la carne, del sistema del mundo y del diablo. Así, estos tres se hacen más reales que el Espíritu de Dios. Cuando nuestra realidad interna es la impiedad, el miedo o la religión, eso lo reflejaremos hacia fuera y careceremos de paz y poder. En la carta de Pablo a Timoteo leemos que habrá hombres *"que tendrán apariencia de piedad, pero negarán la eficacia de ella"* (2 Timoteo 3:5). Después de un verdadero encuentro con el Espíritu Santo, no solo tendremos "apariencia de piedad", sino que Jesús será real en nosotros. La realidad del cielo regresará a nuestra vida y el reino de Dios será manifestado externamente a través de nosotros.

> **La realidad espiritual dentro de nosotros se manifestará como nuestra realidad natural externa.**

4. EMPODERARNOS, ACTIVARNOS Y COMISIONARNOS PARA DEMOSTRAR EL PODER SOBRENATURAL

Al ser bautizado, Jesús recibió tanto la comisión del Padre como el empoderamiento para cumplir Su ministerio en la tierra. De la misma forma nosotros, después de haber tenido un encuentro sobrenatural con el Espíritu Santo, somos comisionados para ir y demostrar el poder sobrenatural de Dios en el ámbito de nuestro propósito y llamado. Dios nos habla personalmente y nos da una asignación específica, la cual es confirmada a través de alguien que tiene autoridad espiritual sobre nosotros y también camina bajo autoridad —un apóstol, profeta, pastor u otro líder—. Esto es lo que nos da derecho legal para usar el poder que hemos recibido en ese encuentro.

> ### En un encuentro sobrenatural somos empoderados y activados, y al ser comisionados se nos delega autoridad.

Nuestra autoridad espiritual viene de Jesús. Cuando el Hijo de Dios resucitó, venció a la muerte y a Satanás, y recibió toda autoridad del Padre: "*Y Jesús se acercó* [a Sus discípulos] *y les habló diciendo: Toda potestad me es dada en el cielo y en la tierra*" (Mateo 28:18). Se nos ha delegado la misma autoridad de Jesús. Estamos autorizados para demostrar el poder de Dios y la obra terminada en la cruz. Después de experimentar encuentros divinos con el Espíritu Santo, nosotros podemos vencer a Satanás; sanar a los enfermos; liberar a los oprimidos; realizar milagros, señales y maravillas; y de muchas otras formas llevar a cabo el propósito de Dios en la tierra. Tenemos autoridad para hacer grandes obras —*las obras que Cristo hizo; y aún mayores* (Juan 14:12)—, de manera que lo "imposible" comienza a ser posible (vea Marcos 9:23). En esta hora, yo declaro sobre usted un encuentro sobrenatural con el Espíritu Santo, y en el nombre de Jesús, lo activo y lo empodero para hacer milagros, señales y maravillas.

> **Después de la victoria de Cristo en la cruz, ser empoderado, activado y comisionado es para todo creyente.**

5. SER UN PORTADOR DE LO SOBRENATURAL

Otro propósito de los encuentros divinos es que nos permiten convertirnos en portadores de lo sobrenatural. Un portador de lo sobrenatural es alguien que carga el legado espiritual de una generación con el fin de transferírselo a otra. Es uno que carga el poder y la presencia de Dios y, donde quiera que va, cambia las atmósferas y vivifica los ambientes con la gloria divina. Cuando Moisés tuvo un encuentro con el fuego de Dios, se convirtió en portador de ese fuego; como resultado, fue lleno de pasión para liberar a su pueblo, y obrar milagros en Egipto y en el desierto, donde la gloria de Dios, como columna de fuego guió a los israelitas continuamente (vea Éxodo 7–15).

De la misma forma, cuando usted tiene un encuentro divino, está autorizado para demostrar el poder de Dios donde va. ¿Está listo para hacerlo? Si lo está, su gran comisión es la que Jesús nos dio: *"Id por todo el mundo y predicad el evangelio a toda criatura"* (Marcos 16:15).

El apóstol Pedro era un pescador sin educación, pero luego de su encuentro con el Espíritu Santo, durante la Fiesta de Pentecostés, fue tal su transformación que llegó a ser un portador del poder sobrenatural de Dios. De hecho, cargaba tanto poder de Dios *"que sacaban los enfermos a las calles, y los ponían en camas y lechos, para que, al pasar Pedro, a lo menos su sombra cayese sobre alguno de ellos"* (Hechos 5:15). En sí la sombra no tiene poder alguno, por eso sabemos que era el Espíritu Santo fluyendo desde el interior de Pedro quien sanaba a los enfermos. De manera similar, Pablo pasó de ser un cruel perseguidor de cristianos a ser un servidor de Cristo, y dice la Escritura que hasta los paños y delantales que usaba, sanaban a los enfermos y expulsaban espíritus malos (Hechos 19:11–12). Puedo asegurarle que, si Dios pudo levantar a un pescador iletrado como Pedro o a un religioso como Pablo, también puede levantarlo a usted y a cualquier creyente, para que sea un portador de Su poder sobrenatural.

Los milagros que ocurrían en los tiempos en que fue escrita la Biblia siguen sucediendo en nuestros días, porque el poder de Dios es el mismo ayer, hoy y por los siglos (vea Hebreos 13:8). Esta realidad se evidencia claramente en el testimonio del Pastor Maximiliano Leiva, del "Centro Familiar Cristiano Internacional", de la ciudad de Formosa, Argentina, quien me narró un poderoso milagro creativo ocurrido tras haber asistido a una de las conferencias para líderes en el Ministerio Internacional El Rey Jesús, en Miami. Este es su testimonio:

"Apóstol, un día usted predicó acerca de cómo el poder sobrenatural de Dios puede obrar milagros de sanidad y liberación en el ahora, y al final del servicio repartió algunos pañitos ungidos con aceite, para que se los dieran a los enfermos, de manera que ellos pudieran recibir el poder sanador de Dios. Yo me traje a Argentina varios de esos pañitos y se los repartí a los líderes de mi iglesia; entre ellos, a un líder que conocía a un hombre que llevaba 15 años enfermo de lepra. La carne de ese hombre se había ido deteriorando, a tal grado, que parecía un muerto viviente. Todo su cuerpo se veía gris, su piel estaba seca, con escamas, llagas, costras y la carne se le desprendía. Todos sabían que ese hombre estaba a punto de morir. Pero este líder de la iglesia le entregó el pañito y le habló del gran poder, amor y misericordia de Dios para Sus hijos.

"El hombre leproso arrepentido y quebrantado tomó el pañito y con gran fe oró a Dios por su sanidad. Tremenda fue su sorpresa cuando al siguiente día se miró el cuerpo sano, totalmente limpio de lepra. ¡En menos de 24 horas Dios lo sanó y le dio una piel nueva! Al verse sano, con alegría y agradecimiento se presentó a la iglesia para testificar y dar gracias a Dios. Todos se quedaron admirados y muchos se quebrantaron ante tal milagro".

¿Puede un paño con aceite sanar a alguien? ¡No! Pero el poder sobrenatural de Dios contenido en él puede hacer eso y mucho más. Verdaderamente, ¡nada es imposible para Dios!

¿Qué necesita Dios para desatar esta clase de milagros? Solo un vaso disponible, porque cada creyente puede ser un portador de Su poder sobrenatural.

6. AUTORIZARNOS PARA SER CUSTODIOS DE LO SOBRENATURAL

Los encuentros divinos también nos permiten ser custodios de lo sobrenatural. Un custodio de lo sobrenatural es alguien que tiene las llaves del Reino (Mateo 16:19), uno que carga la revelación de Dios, la revelación de los misterios de Jesucristo y de la Iglesia. Pablo era uno de ellos, por eso tuvo que enfrentar grandes adversidades (2 Corintios 12:7–10). Si usted es un custodio de lo sobrenatural, su guerra espiritual no será común ni fácil. El enemigo siempre querrá derribar y matar a quienes cargan la revelación y el poder de Dios que puede liberar pueblos, países y continentes enteros. Para ser un custodio de la verdad y de los misterios de Dios, así como del poder sobrenatural, se requiere que un encuentro con el Espíritu Santo lo active, lo empodere y lo comisione para cumplir su asignación; aun por encima de las debilidades, ansiedades, necesidades y persecuciones.

BUSQUE ENCUENTROS SOBRENATURALES CON DIOS

Amado lector, hoy le animo a que busque a Dios y esté hambriento y sediento de tener un encuentro sobrenatural con Su Espíritu Santo. Creo que conocer a Cristo como Salvador es la experiencia más hermosa que podemos tener como hijos de Dios. Sin embargo, junto con la salvación, Él quiere darnos encuentros sobrenaturales con su Espíritu, a fin de empoderarnos, transformarnos y llevarnos a impactar naciones. A medida que lo busque, prepárese para tener encuentros con el Espíritu de Dios, en las distintas formas que Él quiera manifestarse. El Espíritu lo elige a usted, pero usted debe darle cabida para que invada su vida conforme a Su voluntad y propósito.

Para recibir el empoderamiento y transformación del Espíritu Santo, debemos tener en cuenta dos cosas: la necesidad de Su unción y la necesidad de rendirnos a Él.

LA NECESIDAD DE LA UNCIÓN

No podemos hacer nada sin la unción de Dios. Recuerde que Jesús mismo no entró al ministerio hasta ser bautizado con el Espíritu Santo y poder. Durante treinta años se dedicó a la carpintería. Se cree que José, Su padre natural, murió cuando Jesús era adolescente y Él se encargó del negocio. A los treinta años fue al Jordán para ser bautizado. Allí tuvo un encuentro con el Espíritu Santo y el Padre lo reconoció públicamente, confirmó Su llamado, lo ungió y lo envió al ministerio a tiempo completo.

En el Jordán, Juan el Bautista testificó acerca de Jesús diciendo:

Vi al Espíritu que descendía del cielo como paloma, y permaneció sobre él. Y yo no le conocía; pero el que me envió a bautizar con agua, aquél me dijo: Sobre quien veas descender el Espíritu y que permanece sobre él, ése es el que bautiza con el Espíritu Santo. Y yo le vi, y he dado testimonio de que éste es el Hijo de Dios. (Juan 1:32–34)

El poder del Espíritu Santo que recibimos es el mismo que operó en la vida del Mesías. Cuando Jesús ascendió al cielo, el Padre envió Su Espíritu para empoderar la iglesia y permitirles a los creyentes que proclamen el evangelio del Reino, con demostración de señales y maravillas. Sin embargo, hoy en día, muchos se lanzan al ministerio sin haber tenido un encuentro divino que los transforme. ¡No conocen al Espíritu Santo ni han recibido Su revelación! Apenas tienen algún conocimiento mental, pero carecen del poder de Dios. Asimismo, hay iglesias donde los líderes están desanimados, pero en lugar de seguir los principios enunciados en este capítulo, tratan de conducir sus ministerios en sus propias fuerzas. ¡Eso es suicidio! El verdadero ministerio no puede ser desarrollado con nuestras habilidades naturales. Necesitamos el poder de Dios, el cual solo viene por medio de un encuentro divino con el Espíritu Santo.

El Espíritu Santo no es una persona diferente cuando viene a vivir en nosotros. Él tiene el mismo potencial y la misma presencia que tuvo cuando habitó en Jesucristo, mientras el Hijo de Dios vivió en la tierra. De hecho, Él siempre está listo para demostrar Sus obras y para moverse en y a través de nosotros, para sanar, echar fuer demonios y hacer otras grandes obras. Hoy, como un hijo de Dios, usted es un candidato para ser usado por Él con poder sobrenatural. Sin embargo, usted debe rendir su conocimiento y sus métodos tradicionales ante Su poder y unción.

Moisés había sido educado y entrenado en la corte de Faraón, tanto en el arte de la guerra como en toda la sabiduría de los egipcios (vea Hechos 7:22). La cultura egipcia, una de las más antiguas conocidas hasta hoy, era muy prominente y adelantada para su época. Sin embargo, no fue la cultura sofisticada o el conocimiento del arte de la guerra lo que llevó a Moisés a convertirse en el libertador de Israel; sino la experiencia que vivió con la zarza ardiendo —que es la manifestación del Espíritu de Dios—, en la cima del Sinaí. Moisés había abandonado Egipto décadas atrás como un asesino, pero luego de tener un encuentro sobrenatural con el fuego de Dios, volvió a la corte de Faraón con poderosas señales para doblegar el duro corazón del gobernante egipcio.

Moisés arriesgó su vida al ir ante Faraón, pero lo hizo porque al regresar del desierto venía lleno de poder y atrevimiento. Lo que produjo tal cambio era saber que él era el representante del Señor de los Ejércitos. Hoy, Dios quiere convertirlo a usted también en un libertador para su familia, su vecindario, su ciudad y su nación. Solo un encuentro con el Espíritu Santo puede ungirlo para alcanzar éxito. Si permite que Dios impacte su vida, Él hará que abandone esos métodos tradicionales de ministrar con los que se ha familiarizado; le permitirá que manifieste Su poder sobrenatural en el mundo natural y que tome dominio sobre la creación, con milagros que demuestren Su amor y Su poder.

LA NECESIDAD DE RENDIRNOS A ÉL

A medida que buscamos tener encuentros divinos con el Espíritu Santo, debemos recordar que rendirnos es un prerrequisito de la unción, y que también en esto, Jesús es nuestro modelo. Debido a que Él vino a la tierra como hombre, para vivir y morir en lugar nuestro, como representante de la raza humana, desde el punto de vista espiritual no era legal que entre nosotros usara Su gloria y majestad divinas. Jesús era cien por ciento Dios y cien por ciento hombre, pero al ser bautizado, Él rindió Su vida a Dios el Padre y murió a Sí mismo. El Jordán fue el lugar donde Jesús cedió Su derecho a ser Dios Todopoderoso en la tierra, y se levantó para enseñar y ministrar, como hombre, en el poder del Espíritu Santo. Se despojó de todo Su esplendor y autoridad divina (aunque no de Su naturaleza divina); Él mismo se vació y empezó Su vida en la tierra desde cero, como cualquier ser humano, dependiendo por completo del Espíritu Santo.

De la misma forma, los apóstoles tuvieron que morir a sí mismos y ceder al Espíritu Santo antes de ser bautizados con Su poder. Ellos establecieron la necesidad de rendirse y recibir unción, como un modelo de acción para entrar en el ministerio. (Vea, por ejemplo, Hechos 1:12–14; 2:1–4; 4:24–31; 16:25–26). Nosotros también, para tener encuentros divinos con el Espíritu Santo, debemos morir a nosotros mismos y rendirnos al único y verdadero Dios. Una vez más, Jesucristo se hizo hombre para mostrarnos el camino al Padre, y ese camino pasa por morir a nosotros mismos y ser llenos con el Espíritu, como cualquier otra persona. Él completó Su asignación en la tierra de la misma forma y con el mismo poder que cualquiera de nosotros hoy puede hacerlo. Tuvo que depender por completo del Espíritu Santo, de manera que el Padre pudiera ser revelado a través de Él, y así permanecer obediente a Dios. Solo en el poder del Espíritu pudo vencer las severas tentaciones, los fieros ataques del enemigo y desatar el poder de Dios a Su generación.

Antes que Jesús tuviera su primer encuentro con el Espíritu Santo, al momento de ser bautizado, yo no creo que Él haya sido tentado o confrontado por el diablo. Sin embargo, después de ese encuentro, Él recibió el poder que necesitaba para enfrentar y derrotar al enemigo. Por eso considero que, hasta que nosotros también tengamos un encuentro genuino con el Espíritu de Dios, no estaremos listos para vencer la tentación, la carne, ni para meternos a hacer guerra espiritual. Después que hemos tenido un encuentro con el Espíritu, lo primero que hace el enemigo es tentarnos, a fin de robarnos el fruto de ese encuentro. Definitivamente, no podemos pelear esas batallas en nuestras propias fuerzas; necesitamos que el Espíritu Santo nos ayude para vencer al enemigo y su hueste infernal o para resistir la naturaleza carnal.

Si Jesús siendo santo y sin pecado, necesitó tener un encuentro con el Espíritu Santo, ¿cuánto más los necesitamos nosotros? Por tanto, donde quiera que Dios nos envíe debemos ir, pero solo después de habernos rendido voluntariamente al Padre, de haber tenido un encuentro con el Espíritu Santo y de haber sido empoderados por Él.

> **Gracias a Su encuentro con el Espíritu Santo, Jesús fue empoderado y autorizado para llevar a cabo su asignación en la tierra.**

DELE LIBERTAD AL ESPÍRITU PARA MOVERSE EN SU VIDA

Como podemos ver, muchos en la Iglesia se han contentado solo con haber nacido de nuevo y tener al Espíritu Santo dentro, pero se han olvidado de buscar Su poder a través de un encuentro sobrenatural que los empodere para hacer la obra de Jesucristo en la tierra. Si usted es un líder en la iglesia, ¡no pretenda correr un ministerio sobrenatural usando sus habilidades naturales! Ese no es el principio que Jesús nos legó.

Nosotros también podemos tener la misma relación que Jesús tuvo con el Espíritu de Dios. Sin embargo, no podemos reducir esa relación a simples emociones, ni podemos encerrar al Espíritu dentro de nuestras ideas y denominaciones particulares. Él es demasiado grande para eso. Démosle libertad para que se mueva en y a través de nosotros. El Espíritu Santo es el administrador de los asuntos del Reino en la tierra; y sin Su presencia y poder, no podemos representar a Dios en el mundo.

Debemos estar convencidos que Dios quiere que tengamos un encuentro íntimo con la Persona del Espíritu Santo, ahora. Por eso, exhorto a todos los creyentes, como miembros del cuerpo de Cristo, a que se preparen para experimentar encuentros sobrenaturales, como los que tuvieron Jesús, Pablo y el resto de los discípulos de Cristo. Vaya al "Jordán", a ese lugar de sumisión, rendición y muerte al ego; rinda todo allí y reciba al Espíritu Santo y Su poder.

¡No hay otra opción! Necesitamos un encuentro con el Padre para afirmar nuestra identidad como Sus hijos, un encuentro con el Hijo para apropiarnos de la obra terminada en la cruz, y un encuentro con el Espíritu Santo para ser empoderados, a fin de hacer la obra que se nos ha asignado. Hoy lo invito a darle la bienvenida al Espíritu que nos reviste con poder de lo alto (Lucas 24:49 NVI). Él está ahora avivando y agitando Su poder sobrenatural en usted, para que haga lo mismo que Jesús hizo. Después de tener un encuentro con el Espíritu Santo y caminar bajo Su poder y autoridad, su expectativa debe ser que los enfermos se sanen, que los demonios huyan cuando usted los reprenda, y que la manifestación de señales y maravillas, ¡demuestren la majestad, el amor y la misericordia del Padre!

ACTIVACIÓN

Si nunca ha recibido a Jesús como su Salvador, ore conmigo ahora:

Padre celestial: Yo reconozco que soy un pecador, y que mi pecado me separa de ti. Hoy creo con mi corazón y confieso con mi boca que Jesús es el Hijo de Dios, que Él murió por mí en la cruz, y que Dios el Padre lo resucitó de entre los muertos. Me arrepiento de todos mis pecados y Te pido que me perdones. Amado Jesús, yo renuncio a todo pacto con el mundo, con la carne y con el diablo, y hago un pacto nuevo contigo Señor, para amarte y servirte cada día de mi vida. Entra a mi corazón y cambia mi vida; y si hoy muriera, al abrir mis ojos, sé que estaré en Tus brazos. ¡Amén!

Si nunca antes ha sido bautizado con el Espíritu Santo, con la evidencia de hablar en otras lenguas, levante sus manos a Dios. Deje que Su Espíritu comience a llenarlo; abra su boca y empiece a pronunciar los primeros sonidos que le vienen. Yo declaro que es bautizado en el Espíritu Santo, ahora mismo; que las aguas del Espíritu lo cubren desde la planta de sus pies hasta que esté completamente sumergido. Comience a nadar en esas aguas. Jesús nos prometió: *"Si vosotros, siendo malos, sabéis dar buenas dádivas a vuestros hijos, ¿cuánto más vuestro Padre celestial dará el Espíritu Santo a los que se lo pidan?"* (Lucas 11:13).

Ahora, pídale a Jesús que le dé un encuentro con el Espíritu Santo y lo llene con Su fuego.

Amado Jesús, Te doy gracias por permitirme conocerte como mi Señor y Salvador personal y por bautizarme con Tu Santo Espíritu. Mientras leo el resto de este libro, Te pido que me reveles la persona del Espíritu Santo y me des un encuentro sobrenatural con Él. Yo quiero ser empoderado y activado en lo sobrenatural para ser testigo Tuyo aquí en la tierra.

Espíritu Santo, Te cedo mi voluntad, mi corazón, mi mente y mis emociones para que puedas llenar todo mi ser. Renuncio a las obras de la carne; renuncio a la naturaleza pecaminosa. Cambia y transforma mi corazón. Rompe los patrones y los ciclos de malos hábitos en mi vida que me impiden tener un encuentro contigo. Purifica las motivaciones y las intenciones de mi corazón y establece Tu santidad en mí. Muero a mí mismo, crucifico mi carne para que Tú seas más real en mí que cualquier otra cosa. Clamo a Ti, Espíritu de Dios, para que hagas a Jesucristo real en mí; haz al Padre real en mí; haz Tu Palabra real en mí. Te pido que te muevas en mí y a través de mí, así como te movías en el principio, sobre la faz de las aguas, cuando el mundo fue creado.

Espíritu Santo, hazme un portador del poder y la gloria del Padre; hazme un custodio de lo sobrenatural, para hacer milagros, señales y maravillas en el nombre de Jesús, dondequiera que vaya, y para hacer real a Cristo en la vida de la gente. Revélate a mi vida y empodérame para cumplir mi asignación aquí en la tierra. Te doy la bienvenida y reconozco Tu presencia. ¡Lléname Espíritu Santo!

Mientras escribo este libro siento la presencia del Espíritu de Dios. Yo declaro que las palabras de este libro se cumplen en la vida de cada lector. Espíritu Santo, te pido que cada persona que lea este libro tenga un encuentro sobrenatural contigo. ¡Amén!

2

¿QUIÉN ES LA PERSONA DEL ESPÍRITU SANTO?

Escribí este libro porque me mueve la pasión de ver que las personas tengan encuentros divinos con el Espíritu Santo y reciban todo lo que Dios tiene para ellos. Para que esto suceda, debemos saber quién es el Espíritu Santo y cómo debemos relacionarnos con Él. En numerosos círculos cristianos de hoy, existen ideas erradas sobre el Espíritu. Muchos predicadores han enseñado doctrinas incorrectas sobre el Espíritu de Dios, guiando a los creyentes en sus iglesias a adoptar pensamientos equivocados, lo que da como resultado una pobre relación con Él. Trágicamente, a causa de esas ideas erróneas y su falta de conocimiento, son muchos los que están rechazando la obra del Espíritu Santo en sus vidas.

Así que, dediqué este capítulo para hacerle conocer la tercera persona de la Trinidad de una manera nueva. Hablaremos de quién es Él, cómo piensa, cuáles son Sus características, y cómo Él se especializa en manifestar el poder de Dios. En el próximo capítulo, hablaremos de Su propósito y asignación en la tierra.

Para empezar, considero importante aclarar varias dudas, creencias erróneas, y falsos conceptos acerca del Espíritu Santo, los cuales se han desarrollado en la iglesia a lo largo de los siglos, muchos de los cuales los hemos aceptado sin darnos cuenta.

Cuando hablamos acerca del Espíritu Santo, varias preguntas vienen a nuestras mentes, tales como: "¿Qué o quién es el Espíritu Santo?" "¿Cómo es Él?" "¿Qué significa Él para mí?" Para poder conocerlo verdaderamente y experimentar Sus virtudes, dones y poder, necesitamos destruir toda fortaleza mental contra Él, que nos aparte de percibir la verdad.

QUIÉN *NO ES* EL ESPÍRITU SANTO

Primero, establezcamos quién *no* es el Espíritu Santo. Él no es una cosa, un elemento, ni ninguno de los siguientes conceptos:

+ El Espíritu Santo no es una fuerza, aunque es poderoso.

+ El Espíritu Santo no es una emoción, aunque Él nos consuela y nos da paz; Él tiene una naturaleza sensible y tiene emociones.

+ El Espíritu Santo no es un pensamiento, aunque Él trae a nuestras mentes lo que Jesús ha dicho.

+ El Espíritu Santo no es un mensaje, aunque viene a revelar mensajes del cielo.

+ El Espíritu Santo no es una paloma, aunque es suave y tierno con nosotros, como una paloma.

+ El Espíritu Santo no es viento, aunque se mueve como el viento, sin ser visto, pero mostrando manifestaciones visibles en ambientes físicos, emocionales y espirituales. No podemos verlo con nuestros ojos naturales, pero podemos sentir y experimentar Su presencia.

+ El Espíritu Santo no es agua, pero Él aplaca nuestra sed espiritual, como el agua sacia nuestra sed física.

+ El Espíritu Santo no es fuego, aunque Él consume y purifica, como el fuego quema y purifica la materia física. Al venir sobre nosotros, consume todo pecado, iniquidad y enfermedad, y nos aparta para servir al Señor.

Tristemente, en la mente de muchos ministros y otros cristianos, el Espíritu Santo ha sido reducido a algunos de los conceptos arriba mencionados, los cuales describen aspectos de Sus atributos, pero no son Su *esencia*. Como resultado, el Espíritu de Dios se ha apagado en innumerables iglesias, así como en las vidas de muchos creyentes. Por más de dos mil años, la Iglesia ha sido tentada a ocultar o reemplazar al Espíritu Santo y la labor que Él realiza en la tierra. Esta es una tentación muy peligrosa, porque cuando caemos en ella, cometemos el mismo pecado que llevó a Adán a despreciar el conocimiento sobrenatural revelado de Dios y a sustituirlo por algo meramente natural. Ese pecado, un intento por ser igual a Dios, tiene sus raíces en el orgullo. Tratar de servir a Dios usando solo nuestra fuerza humana ha llevado a muchos a desechar la ayuda del Espíritu Santo. Como resultado, están secos, estancados y quemados. Aunque están vivos y sus cuerpos físicos respiran, espiritualmente están muertos.

Las tres verdades claves que diferencian al cristianismo de cualquier religión son: la cruz, el Espíritu Santo y el ámbito sobrenatural divino. (El cristianismo genuino no es una religión sino una relación con el Dios vivo a través de Cristo). La Iglesia nació en medio de un poderoso derramamiento del Espíritu Santo, a través del cual lo sobrenatural se convirtió en la norma. Era el Espíritu Santo quien caracterizaba el movimiento cristiano del primer siglo. Los milagros, señales y maravillas no eran eventos aislados, sino una parte común de las vidas de los primeros creyentes. Sin embargo, en el transcurso de la historia, la Iglesia cayó en una "era de reemplazos", la cual todavía es prominente hoy en día, en la que el carisma reemplazó la unción, las habilidades humanas reemplazaron el poder, el talento reemplazó los dones espirituales, y los métodos, programas y fórmulas reemplazaron la guía e inspiración del Espíritu Santo.

> Nada ni nadie puede sustituir al Espíritu Santo en nuestras vidas, porque Él es Dios en medio de nosotros.

QUIÉN *SÍ ES* EL ESPÍRITU SANTO

Exploremos ahora con más detalle quién es el Espíritu Santo, reafirmando y expandiendo todo lo que hasta aquí hemos visto:

+ El Espíritu Santo es Dios mismo; contiene todo lo de Dios y extiende Su reino en la tierra, aquí y ahora.

+ El Espíritu Santo es la tercera persona de la Trinidad, la cual la constituyen Dios el Padre, Dios el Hijo y Dios el Espíritu.

+ El Espíritu Santo es el aliento eterno, o la vida de Dios en los creyentes.

+ El Espíritu Santo es el administrador de las riquezas y dones del Señor Jesús.

+ El Espíritu Santo es para nosotros lo que Jesús fue para Sus discípulos; como el Ayudador que Jesús nos envió, Él es *Emmanuel*, "Dios con nosotros"

+ El Espíritu Santo es el ámbito del Espíritu y el poder sobrenatural de Dios.

+ El Espíritu Santo es una *Persona*, con mente, voluntad y emociones.

A lo largo de la Biblia, vemos que el Espíritu Santo trabaja bajo diferentes nombres y exhibe una variedad de cualidades. Cada una de

esas descripciones nos ayuda a entender Sus atributos, Sus características, Sus movimientos, Su fluir, y Su identidad como la tercera persona
de la Trinidad. Veamos algunos de los atributos más importantes del
Espíritu.

El Espíritu Santo no es una cosa.
¡Él es una Persona!

1. ÉL ES EL ESPÍRITU DE DIOS

Primero, el Espíritu Santo es la esencia de la vida misma de Dios.
Cuando Él invade una atmósfera, Su presencia a menudo se hace tangible, brillando en las tinieblas, reviviendo todo lo que está muerto, trayendo orden donde hay caos, y llenando todo vacío. Así, Él trabaja de
la misma forma que lo hizo en el principio de la creación: *"Y la tierra
estaba desordenada y vacía, y las tinieblas estaban sobre la faz del abismo, y
el Espíritu de Dios se movía sobre la faz de las aguas. Y dijo Dios: Sea la luz;
y fue la luz"* (Génesis 1:2–3).

2. ÉL ES EL ALIENTO DE VIDA

La palabra hebrea traducida como *"Espíritu"* es *rúakj*, la cual tiene
varios significados, incluyendo "aliento", "exhalación violenta", "viento",
"respiración", "vida", "espíritu" y "Espíritu". El Espíritu Santo es el aliento
del Dios Todopoderoso, operando en la tierra para continuar el ministerio iniciado por Dios Hijo, Jesucristo.

Cuando el hombre fue formado por Dios del polvo de la tierra,
su cuerpo permaneció inerte y su mente sin pensamientos hasta que
Dios sopló aliento de vida en él; solo entonces se convirtió en un ser
viviente (vea Génesis 2:7). Adán fue la primera persona que recibió
el aliento de Dios, el primero en ser lleno del Espíritu; y recién vino

a existir como persona después de ese momento. Esto demuestra que los seres humanos, sin el Espíritu de Dios, sólo somos un pedazo de materia terrenal.

El Espíritu Santo es quien sopla la vida de Dios en nosotros. El Salmo 33:6 dice, *"Por la palabra de Jehová fueron hechos los cielos, y todo el ejército de ellos por el aliento de Su boca"*. Entonces, de nuevo, vemos que Dios crea, pero el aliento del Todopoderoso es lo que da vida.

En el espíritu todo está conectado a una nueva vida, por eso podemos decir que hemos "nacido de nuevo" por la obra de Su mano y que tenemos vida en el Espíritu (vea Juan 3:3–8). Jesús dijo, *"Yo he venido para que tengan vida, y para que la tengan en abundancia"* (Juan 10:10). Si usted no ha sido lleno del Espíritu, no tiene la vida abundante de Cristo. De hecho, sin la vida del Espíritu, es imposible agradar a Dios (Romanos 8:7–9). Aun si nos llamamos cristianos, la verdad es que no somos de Dios sin el Espíritu, porque la Escritura dice que *"los que son guiados por el Espíritu de Dios, éstos son hijos de Dios"* (Romanos 8:14).

Dios quiere darle una vida abundante, donde tenga más de Él y menos de usted.

Cuando el aliento de Dios toca a una persona, todo cambia, porque Su vida abundante está operando en ese individuo. Yenny es una mujer de Venezuela, Suramérica, que había sido desahuciada por los médicos. Su testimonio nos muestra cómo el Espíritu Santo transformó por completo su vida, contra todo pronóstico de la ciencia médica.

"Llevaba más de dos décadas sufriendo de convulsiones; y por doce años permanecí postrada en una cama, movilizándome solamente en una silla de ruedas. Debido a una mala práctica médica, quede incapacitada para caminar, con mi cabeza doblada hacia un lado. Diez médicos me dijeron que no había nada que pudieran hacer por mí. Por ocho años apenas si podía hablar. Me resultaba muy difícil comer y escasamente lograba tomar algún jugo. Uno de los doctores me dijo que solo un lado de mi cabeza estaba viva, porque mi sistema neural estaba muriendo, y me dijo que no viviría por mucho tiempo.

"Entonces empecé a ver la cadena de televisión TBN-Enlace y vi como el Apóstol Maldonado era usado por Dios para hacer milagros. Comencé a creer y confiar en Dios y le pedí que me sanara, y ahí empezó mi sanidad. Un día el Señor me dijo que hiciera una declaración profética, y yo le respondí, 'Señor, ¿pero cómo, si apenas puedo hablar?' Entonces Él me llevó a leer la profecía de los huesos secos y, a través del Apóstol Maldonado, me enseñó acerca del poder de la resurrección.

"Cuando me enteré que el Apóstol vendría a Venezuela, le pedí a mi familia que me llevara al Poliedro de Caracas, donde ocurriría la reunión. Cuando llegue allí todos fueron testigos que mi cabeza estaba volteada hacia un lado, y unos movimientos incontrolables no me dejaban en paz. Estaba a punto de irme porque me sentía cansada, pero le dije a Dios: '¡Señor, yo no me voy de aquí sin mi milagro!' Había sido un tremendo esfuerzo viajar tres horas desde Valencia hasta Caracas, la capital, pero me rehusé a irme en la misma condición en la que llegué.

"Al escuchar al Apóstol declarar sanidad, dije, '¡Esto es para mí!' Poco a poco, empecé a levantarme de la silla de ruedas, y empecé a dar pasos cortos. Al hacer esto, mis piernas empezaron a fortalecerse, y pude caminar hasta el altar. ¡Ahora estoy viva! La parte izquierda de mi cabeza había estado muerta, pero el Señor restauró el hipotálamo y le dio vida. Por doce años no había podido caminar, pero ahora hasta puedo correr. Puedo levantar mi cabeza y moverla, para gloria y honra de Dios. Antes, comer era una tortura, pero ahora puedo comer sin problema. ¡Nunca dejé de creer en el poder de Dios! Soy un testimonio de que Jesús vive, y que Su Santo Espíritu me levantó y me dio una nueva vida".

El Espíritu Santo es el aliento de Dios y tiene el poder para cambiarnos.

Todos necesitamos el aliento de Dios hoy, en nuestros cuerpos, finanzas, matrimonios, ministerios y en todas las áreas. Usted necesita el Espíritu Santo en cada parte de su vida.

Como Yenny, no importa que enfermedad le hayan diagnosticado, o lo que la ciencia médica diga al respecto. No importa qué situaciones financieras o familiares esté enfrentando. Hoy, el Espíritu Santo tiene una palabra de Dios para usted, en el ahora. Esa palabra es de vida y no de muerte, de riqueza y no de pobreza, de gozo y no de tristeza. ¡Dios está listo para darle una nueva vida en abundancia! Recíbala en el nombre de Jesús. Esa es la vida que el aliento de Dios imparte en usted hoy.

No podemos conocer el ámbito de lo espiritual desde afuera; ese ámbito está dentro de nosotros desde el momento que nacemos de nuevo y somos bautizados en el Espíritu. Cuando la persona del Espíritu Santo reposa sobre nosotros, Él ya no es algo "extraño" a nosotros. Él crea una atmósfera o un ambiente, donde la presencia de Dios habita y nos da vida. De la misma forma que nuestro cuerpo físico necesita oxígeno para respirar, y los peces requieren agua para sobrevivir, asimismo nosotros necesitamos al Espíritu Santo para existir como "nuevas criaturas" en Cristo. Él es la atmósfera que sostiene nuestras vidas. Cuando nacemos de nuevo, el Espíritu Santo trae vida a nuestro ambiente espiritual, y ésta se esparce por todas las áreas de nuestra existencia. En Él, somos levantados por el aliento de vida del Todopoderoso.

3. ÉL ES SANTO

Santo significa que es "separado, único, no contaminado y apartado". El Padre es santo en Su esencia, lo que significa que Su espíritu también es santo en esencia. La santidad es evidente en todo lo que involucra el aliento divino. Por ejemplo, cuando una persona acepta a Jesucristo, nace de nuevo y es bautizada en el Espíritu Santo. Esto provoca que se despierte en ella un hambre por la santidad, que la lleva a someterse al proceso de santificación por el Espíritu, a través del cual, cada vez comienza a parecerse más a Jesús. Por eso Pedro escribió, *"Como aquel que os llamó es santo, sed también vosotros santos en toda vuestra manera de vivir; porque escrito está: Sed santos, porque yo soy santo"* (1 Pedro 1:15–16).

Todo lo que el Espíritu Santo toca adquiere vida.

4. ÉL ES SENSIBLE

Es muy importante entender este aspecto de Su naturaleza. Como ya mencioné, Él es una persona y, como tal, tiene emociones. Debemos cuidar cómo desarrollamos nuestra relación con Él, para que ésta pueda ser una relación buena, sana y creciente, y que produzca los frutos de Su presencia dentro de nosotros.

El carácter del Espíritu es de humildad y servicio, ayudándonos a alcanzar la vida victoriosa y abundante que nos pertenece en Cristo. Tal es la naturaleza humilde de la obra de amor y servicio del Espíritu Santo que el Padre no acepta que sea insultado. De hecho, Jesús dijo, *"Todo pecado y blasfemia será perdonado a los hombres; más la blasfemia contra el Espíritu no les será perdonada"* (Mateo 12:31). Blasfemar contra el Espíritu es maldecirle o deshonrarle intencionalmente. Esto incluye atribuirle maldad a Dios, o negar las cosas buenas que provienen de Él. Blasfemamos contra el Espíritu Santo cuando le atribuimos al diablo y sus demonios las obras que Jesús hace. Por último, blasfemar contra el

Espíritu es endurecer nuestro corazón contra Él, de manera que no podemos recibir la revelación de la gracia que Él nos extiende.

Realmente necesitamos traer el poder sobrenatural del Espíritu a nuestras vidas, de manera que no nos comportemos tontamente con Él. Debido a la naturaleza sensible del Espíritu Santo, hay tres aspectos que debemos conocer, a fin de no ofenderlo o perder Su presencia y poder: Él puede ser contristado, apagado y enojado.

EL ESPÍRITU SANTO PUEDE SER CONTRISTADO

La Palabra de Dios nos advierte: *"Y no contristéis al Espíritu Santo de Dios…"* (Efesios 4:30). Aquí la palabra griega traducida como "contristar" es *lupeo* que también significa "afligir, entristecer, lastimar". Quiere decir que cuando contristamos al Espíritu Santo desagradamos y entristecemos a Dios. Como personas en proceso de consagración, nuestro carácter aún conserva muchas áreas que ofenden al Espíritu de Dios y éstas deben ser corregidas. Efesios 4:25–32 nos muestra las actitudes que a Él le desagradan: mentira, enojo, malas palabras, amargura, motivos egoístas, falta de perdón, malos pensamientos, y más.

> **Contristar al Espíritu Santo es literalmente desagradar, rechazar y entristecer a Dios.**

Cuando el Espíritu de Dios es contristado, no puede obrar en nosotros. Esto quiere decir que el proceso de transformación de nuestro corazón se paraliza, ya que todo depende de nuestra comunión con Él. Contristamos al Espíritu de Dios cuando vivimos como paganos, cuando nos rendimos libremente a la naturaleza de pecado, cuando mentimos, robamos, maldecimos, nos amargamos, no perdonamos o caemos en inmoralidad sexual. (Vea, por ejemplo, Efesios 4:17–19, 22–29, 31–32;

5:3–5). Si hacemos estas cosas, el Espíritu Santo no puede trabajar en nosotros para cambiar nuestro carácter.

EL ESPÍRITU SANTO PUEDE SER APAGADO

"No apaguéis al Espíritu. No menospreciéis las profecías" (1 Tesalonicenses 5:19–20). La palabra griega que se traduce como *"Apagar"* es *sbennumi* que significa "extinguir". También quiere decir "obstruir el flujo o cortar la fuente de poder". Como Uno que se rindió por completo al Espíritu, Jesús nos modeló la manera cómo debemos vivir con el Espíritu Santo, sin contristarlo ni apagarlo.

Dios me ha permitido viajar a muchas naciones, estar en innumerables iglesias y ministerios, y conocer todo tipo de personas. Como resultado, he podido ver con mis propios ojos lo que es contristar y apagar al Espíritu Santo, y me doy cuenta cuán a menudo lo entristecemos con nuestro terrible comportamiento, mentiras y todos los otros pecados especificados en la lista de Efesios. Regularmente veo personas que no cargan en ellos la vida del Espíritu. ¿Cómo lo sé? Porque sus rostros lo revelan; porque cuando los miro no veo el gozo que esperaría ver, ni nada que refleje la presencia del Espíritu de Dios en ellos.

Muchas veces lo apagamos con nuestros propios planes, limitando su fluir para poder cumplir nuestros propios horarios. En lugar de seguir Su guía, seguimos un programa hecho por hombres y no le permitimos expresarse libremente. Usando el pretexto de preservar el "orden" en los servicios en nuestras iglesias, metemos al Espíritu Santo en una pequeña cajita y empezamos a pensar que la iglesia es nuestra y no de Dios. Por eso dejamos de seguir la dirección del Espíritu Santo. Cuando no le damos lugar para moverse y cortamos abruptamente Su fluir, definitivamente lo apagamos.

Muchas personas no tienen ni idea de quién es el Espíritu Santo, ni la forma cómo Él se mueve entre nosotros. Debido a esto, cuando Él empieza a revelarse a Sí mismo durante un servicio, los líderes lo ignoran y continúan su programa, en lugar de darle lugar para que se manifieste y haga como Él quiera. El Espíritu Santo jamás fluirá con nuestra agenda, a menos que ésta se ajuste a la voluntad de Dios. Por eso, cuando usted se aferra a sus propios planes y suprime el fluir del Espíritu de Dios, lo que realmente está haciendo es ¡rechazando Su personalidad y Su amor! Cuando usted rechaza la voluntad de Dios y les da prioridad a sus motivos egoístas, obstruye el fluir del Espíritu.

> **Contristar al Espíritu Santo está relacionado a nuestro carácter, pero apagarlo se relaciona a Su poder.**

EL ESPÍRITU SANTO PUEDE SER IRRITADO O ENFADADO

Un tercer aspecto de la naturaleza sensible del Espíritu es que puede ser irritado o enojado. *"Más [los israelitas] fueron rebeldes, e hicieron enojar su santo espíritu; por lo cual se les volvió enemigo, y él mismo peleó contra ellos"* (Isaías 63:10). Rebelarse, endurecer el corazón, pecar deliberadamente, no perdonar y desobedecer la voluntad de Dios, todas esas cosas enojan al Espíritu Santo. Si empujamos al Espíritu de Dios a ese punto, se vuelve nuestro enemigo y pelea contra nosotros, porque la rebeldía es el espíritu de Satanás (vea, por ejemplo, 1 Samuel 15:23).

Yo solía congregarme en una iglesia donde el pastor principal era un hombre muy recto. Él me enseñó acerca de la integridad en las finanzas, cómo amar a la gente, la importancia de una familia fuerte, la lealtad y mucho más. De hecho, él estaba lleno del Espíritu, había sido bautizado en el Espíritu Santo y hablaba en lenguas. Sin embargo, durante los diez años que asistí a esa iglesia, casi nunca vi demostraciones del poder sobrenatural de Dios; no había milagros, sanidades, liberaciones, o manifestaciones de los dones del Espíritu. Yo pensaba: *Si él es un hombre recto, ¿por qué el Espíritu Santo no se mueve aquí?* Un día, mucho después que había dejado esa iglesia, le hice a Dios la misma pregunta. Él me respondió y me dijo que el poder del Espíritu Santo se había apagado y esto desagradaba a Dios porque el pastor no le permitía ministrar milagros o sanidades en medio de Su pueblo.

El Espíritu Santo remueve Su presencia de quienes lo hacen enojar. Esto es parte del juicio de Dios.

Si apagamos y hacemos enojar al Espíritu Santo, nos secamos y morimos espiritualmente. Si llegamos a este punto, nos contentamos con seguir un método, una fórmula o un programa hecho por hombres; mostramos apariencia de piedad en la iglesia, pero la vida del Espíritu no está allí. Esto nos muestra que si no proveemos un ambiente donde el Espíritu Santo pueda fluir, el poder sobrenatural no estará presente y los milagros no ocurrirán.

5. ÉL ES EL REGALO DE DIOS Y EL DADOR DE DONES

El Espíritu Santo es un regalo sobrenatural dado a nosotros por gracia de Dios, como prueba de Su amor y como afirmación de que somos uno con Él en Cristo. El Espíritu Santo es también el Dador de dones espirituales. En la Biblia, vemos a Pablo animando a Timoteo, diciéndole, *"Por lo cual te aconsejo que avives el fuego del don de Dios que está en ti"* (2 Timoteo 1:6). Tenemos que *"avivar el don de Dios"*. Esto quiere decir que si dejamos que se duerma el precioso don espiritual que hemos recibido de Dios, corremos el riesgo de confundirlo con nuestro propio talento, reduciéndolo a algo natural, ignorándolo o usándolo de manera incorrecta. Muchos cristianos buscan primero los dones del Espíritu; sin embargo, es más importante enfocarnos en la *Persona* del Espíritu, que es quien da los dones. Si nos enfocamos en los dones más que en la Persona, corremos el riesgo de caer en falsas doctrinas.

6. ÉL ES EL SELLO DE DIOS Y LA MARCA
DE SU APROBACIÓN

"En [Jesús] *también vosotros, habiendo oído la palabra de verdad, el evangelio de vuestra salvación, y habiendo creído en él, fuisteis sellados con el Espíritu Santo de la promesa".* (Efesios 1:13). El Espíritu Santo es el Sello de Dios. Aquello que es sellado con el Espíritu de Dios tiene Su vida, características y virtudes. Tener el sello de Dios también significa ser respaldado por Su poder, porque entonces recibimos Su apoyo y aprobación.

Cuando el Espíritu Santo es apagado en una iglesia, el poder de Dios no fluye, y el resultado es una iglesia sin vida.

La pregunta que debemos considerar es ésta: Si negamos al Espíritu por nuestra incredulidad, ¿cómo podremos ser sellados por Él? Por ejemplo, si un individuo o un ministerio niega el mover del Espíritu Santo, ¿quién respaldará sus esfuerzos? La verdad es que ningún avivamiento vendrá sobre una congregación o territorio hasta que los líderes y el pueblo reconozcan y den Su lugar al Espíritu de Dios, porque sería espiritualmente ilegal; quedaría faltando el sello de aprobación del cielo.

Hoy en día la Iglesia ha perdido la pasión por buscar el sello de aprobación de Dios. Pero como el cuerpo de Cristo, *tenemos* que demostrar el poder de Dios —especialmente cuando enfrentamos idolatría, brujería, y otras fuerzas de las tinieblas— y ese poder tiene que ser visible a todos. Por eso, el testimonio del Pastor Samson Samuel, de la iglesia Holy Agni, en la India, no es una historia más. Es la evidencia de lo que puede pasar cuando caminamos en el Espíritu Santo con el sello de aprobación del cielo.

"Mi esposa y yo habíamos sido ordenados como pastores hacía muchos años, pero sabíamos que había más de Dios, y lo necesitábamos. Queríamos ver los milagros, señales y maravillas que Jesús hizo en la tierra manifestarse hoy. En nuestra desesperación, una madrugada clamamos al Señor pidiéndole que nos guiara a un padre espiritual que pudiera ayudarnos; de repente apareció en nuestra computadora portátil la página web del Ministerio El Rey Jesús.

"Hasta ese momento no sabíamos nada sobre ese Ministerio ni del Apóstol Maldonado, pero a medida que navegábamos por su página de internet, la presencia de Dios cayó sobre nosotros y tuvimos un hermoso encuentro con el Espíritu Santo. De inmediato supimos que ésa era la conexión divina que estábamos buscando, y que estábamos siendo empoderados para movernos en lo sobrenatural. La pregunta era, ¿dónde empezar? En la India, cualquier cosa sobrenatural, cae por lo general en el ámbito de la brujería antes que en el ámbito del Espíritu Santo; así que comenzamos a ver sus prédicas en línea, compramos sus libros e incluso empezamos a seguirlo en las redes sociales; estábamos hambrientos por lo que él carga de Dios. Al entrar en contacto con el Apóstol Maldonado, no solo recibimos su paternidad espiritual, sino que también fuimos activados para caminar en lo sobrenatural de Dios y fluir en milagros con fe y osadía.

"Un domingo, durante nuestro servicio en la iglesia, vimos que ocurrió un cambio poderoso. ¡Nuestra iglesia tuvo un encuentro con el amor y el poder de Dios! Ese día, después de escuchar la prédica sobre el poder de la cruz, una señora hindú nos pidió que oráramos por ella, ya que llevaba años atada a una enfermedad que le producía fuertes dolores en todo el cuerpo. Cuando oramos por la mujer, comenzó a manifestarse y cayó bajo el poder de Dios. Reprendí al demonio que la atormentaba, oramos para que recibiera a Jesús y fue completamente libre.

"Después de esto, ella quedó impresionada por lo que había visto a Dios hacer en ella, y nos pidió si podíamos orar también por un familiar que estaba paralizada de la cintura para abajo debido a un accidente. Nos dijo que tenía tornillos y placas de metal en su cuerpo para reforzar sus huesos. En frente de todos, llamé por mi celular a la mujer paralizada y declaré sanidad sobre su cuerpo. Entonces escuché al Espíritu Santo decirme que esa mujer también tenía una pierna más corta que la otra como resultado de una cirugía que había tenido. Le dije lo que escuché, y de repente, oímos los gritos de alegría a través del teléfono porque ella había comenzado a caminar. ¡Todos allí glorificaban al Señor! Después, muchos testificaron que habían oído hablar de Jesucristo, pero que ahora sabían que Él es el verdadero Dios viviente.

"Desde entonces hasta hoy, nuestro ministerio ha experimentado el poder sobrenatural de Dios con milagros, señales, maravillas, sanidades y liberaciones. Tenemos un padre espiritual —una autoridad espiritual a quien le damos cuenta— y caminamos bajo esa cobertura. Pero, sobre todo, ¡el Espíritu Santo ha puesto Su sello sobre nosotros y ahora caminamos en lo sobrenatural!"

Como éste, son muchos los testimonios que recibimos de todos los rincones de la tierra. Sin embargo, es triste que algunos piensen que la aprobación de Dios depende del tamaño del edificio de su iglesia, más que del sello de Su Espíritu. Hoy, la gente llama "iglesia de Dios" a cualquier lugar donde una congregación grande se reúne. Piensan que entre más grande es el número, más legitimidad Dios le da a esa iglesia. No obstante, entre los requisitos para que una iglesia reciba la aprobación o el sello de Dios, es permitirle al Espíritu Santo moverse con libertad, y que ellos mismos se dejen dirigir por Él. Muchas iglesias pueden parecer, sonar y hasta actuar como si vivieran en obediencia a Dios, pero no debemos confundir las apariencias con el sello de aprobación del Espíritu Santo.

7. ÉL ES LA EVIDENCIA TANGIBLE DE LA PRESENCIA DE DIOS ENTRE NOSOTROS

El Espíritu Santo es también la prueba tangible de la presencia de Dios. Cuando el Espíritu Santo habita en nosotros, Él manifiesta la presencia de Dios, pues esa presencia está contenida en Él, y el Espíritu nos revela al Padre y al Hijo. Todo cristiano nacido de nuevo tiene la vida del

Espíritu adentro, y debería poder ver y sentir la manifestación de la presencia de Dios. La falta de actividad espiritual en la vida de una persona es una señal de que no hay presencia de Dios ni actividad divina en su ser. Igualmente, cuando la presencia de Dios no se siente en una iglesia, significa que el Espíritu Santo está ausente; Su vida no fluye allí. Cuando el Espíritu Santo entra en una atmósfera, Él controla la manifestación de la presencia de Dios que quiere moverse en ese lugar; es entonces cuando podemos demostrar, impartir y desatar Su gracia y poder sobrenatural para sanar, liberar, prosperar y restaurar al pueblo de Dios.

> ## El Espíritu Santo controla la presencia de Dios; Él es quien la despliega y manifiesta.

¡EL ESPÍRITU SANTO SE ESPECIALIZA EN MANIFESTAR EL PODER DE DIOS!

Para concluir este capítulo sobre la persona del Espíritu Santo, quiero enfatizar que hay aspectos de Dios en los que el Espíritu Santo se especializa; y uno de ellos es Su poder. De hecho, no podemos hablar del Espíritu Santo sin hablar de Su poder. Cuando la Iglesia fue formada, el énfasis recayó en el poder del Espíritu Santo para salvar, sanar, liberar y hacer señales y maravillas; todo con el fin de respaldar la predicación del Evangelio. Jesús les dijo a Sus discípulos: *"Pero recibiréis poder, cuando haya venido sobre vosotros el Espíritu Santo, y me seréis testigos en Jerusalén, en toda Judea, en Samaria, y hasta lo último de la tierra"* (Hechos 1:8). Y eso es exactamente lo que sucedía en la iglesia primitiva.

Hoy en día, necesitamos retornar a las manifestaciones del Espíritu Santo que dieron origen a la iglesia primitiva. Si los vasos —nosotros, los discípulos de Cristo— estamos limpios y disponibles, el Espíritu Santo nos usará para manifestar Su poder. Pero si no dejamos que Su poder fluya, lo apagamos.

¿Está usted apagando al Espíritu Santo en algún área de su vida? ¿Está Él apagado en su casa o en su ministerio? ¿Ha hecho algo que lo ha entristecido? ¿Está usted aferrado a algo que necesita rendir, en vez de entregárselo a Él? ¿Hay algo que usted está haciendo que está apagando el poder de Dios? Por favor acompáñeme en las siguientes oraciones, para que nada le estorbe en conocer, amar, y ser lleno con la persona del Espíritu Santo.

> **Cada vez que la vida del Espíritu está presente en un hijo de Dios, fluirá poder.**

ACTIVACIÓN

1. Arrepiéntase por haber contristado, apagado o enojado al Espíritu de Dios. Repita esta oración en voz alta:

Padre celestial, te pido que me muestres las áreas donde te he enojado y contristado. Me arrepiento de todo corazón, y reconozco que necesito al Espíritu Santo más que al aire que respiro; y te pido que todo lo que está muerto en mi interior sea reavivado por el fuego de Tu presencia. Que Tu aliento de vida venga sobre cada una de esas áreas muertas, y yo sea cambiado para siempre. Oro esto en el nombre de Jesús, creyendo que Tú estás trabajando en mí. Amén.

2. Hay muchos líderes en la iglesia que han apagado, entristecido y rechazado el poder de Dios, permitiendo sustitutos humanos y

reemplazos en lugar de invitar al Espíritu Santo y dejarlo moverse con libertad entre sus congregaciones. Si usted es un líder y su iglesia está seca, no ocurren milagros, sanidades, rompimientos, ni ningún otro mover de Espíritu, usted necesita arrepentirse. Todas estas son señales de que el Espíritu de Dios ha sido apagado. ¡Arrepiéntase ahora!

3. Pídale al Padre que sople Su vida y Espíritu sobre usted para que pueda tener comunión íntima con Él. Oro para que usted reciba el aliento de Dios. ¡En el nombre de Jesús, reciba la vida abundante de Dios ahora!

EL PROPÓSITO Y
LA ASIGNACIÓN DEL ESPÍRITU

Ahora que hemos aprendido más sobre quién es el Espíritu Santo, veamos más a fondo Su propósito y asignación en la tierra. El Espíritu se mantiene en actividad constante porque Su trabajo en nuestro mundo solo será completado cuando Cristo vuelva por Su novia; quiere decir que Su obra está íntimamente relacionada con la Iglesia en la tierra (vea Apocalipsis 22:17). Después que Jesús ascendió al cielo tras Su resurrección, el Padre envió al Espíritu Santo a cumplir una nueva asignación que consiste en empoderar a aquellos que creen en Jesús, para que sean Sus testigos y sean equipados para demostrar lo sobrenatural a través de milagros, señales y maravillas, tal como Cristo lo hizo. El mismo Espíritu que moraba en Jesús habitará en todos los que confiesen a Jesús como su Señor y Salvador; el Espíritu les revelará al Padre y los guiará a toda verdad.

Sabemos que, como hermanos menores de Cristo, lavados por Su sangre y justificados por Su sacrificio, somos coherederos con Él (vea Romanos 8:17), y tenemos el mismo potencial que Él tuvo para ser instrumentos de Dios en la tierra. El Espíritu Santo que sopló vida sobre Adán al principio de la creación, y después ungió, empoderó y levantó a Jesús de entre los muertos, es el mismo Espíritu que ahora sopla sobre nosotros. El Espíritu que reposó sobre los ciento veinte reunidos en el aposento alto el día de Pentecostés, y bautizó con fuego a todos los que esperaban la promesa del Señor, es el mismo Espíritu Santo que ahora reposa sobre el cuerpo de Cristo —la iglesia— y está listo para bautizar continuamente con fuego a todos los que quieran recibir hoy la promesa del Señor.

Es esencial entender que la asignación del Espíritu Santo no puede completarse sin la participación de la iglesia, y que la asignación de la iglesia no se cumplirá sin la ayuda siempre presente del Espíritu Santo. El retraso en cumplir la asignación del Espíritu Santo recae sobre la iglesia, debido a la limitada comprensión que tenemos acerca de Su propósito y funciones.

> **La clave para entender al Espíritu Santo es conocer Su propósito, asignación y funciones en la tierra.**

Veamos algunas de las maneras más importantes en que el Espíritu Santo trabaja en la iglesia y en nuestras vidas como creyentes.

1. ÉL NOS REVELA A PLENITUD LA PERSONA DE JESÚS

El Espíritu Santo conoce a Jesús completamente, y Su función entre nosotros es revelarnos todo acerca de la persona de Jesús; Su carácter, mente y amor, así como la cercanía de Su segunda venida. Conforme a esto, el apóstol Pablo oraba al Padre por los Efesios...

> *Para que os dé, conforme a las riquezas de su gloria, el ser fortaleci-dos con poder en el hombre interior por su Espíritu; para que habite Cristo por la fe en vuestros corazones, a fin de que, arraigados y cimentados en amor, seáis plenamente capaces de comprender con todos los santos cuál sea la anchura, la longitud, la profundidad y la altura... [del] amor de Cristo....* (Efesios 3:16–19)

El liderazgo del Espíritu Santo es sobrenatural. Sin Él, es imposible que conozcamos a Jesús y seamos llenos de Su amor. No podemos enten-derlo por medio de la razón ni por nuestros cinco sentidos; tampoco la intuición natural nos será de mucha utilidad. Incluso los discípulos de Jesús, que convivieron con Él día y noche, no alcanzaron a verlo como quién realmente era, hasta que el Padre les envió la ayuda del Espíritu de Dios. (Vea, por ejemplo, Mateo 16:17).

De ahí que necesitamos que el Espíritu Santo nos revele la persona del Salvador. Por lo mismo Jesús dijo del Espíritu Santo, *"Él me glori-ficará; porque tomará de lo mío, y os lo hará saber"* (Juan 16:14). Sin el Espíritu Santo no podemos tener revelación de Jesús ni entender las cosas espirituales que permanecen como un misterio para la humanidad.

2. ÉL NOS REVELA LA OBRA TERMINADA DE LA CRUZ

En la cultura hebrea del Antiguo Testamento, toda verdad debía ser establecida por medio de testigos. Sabemos que Jesús cumplió toda la ley; por lo que el Espíritu Santo fue asignado para ser un testigo de Su vida y obra en la tierra. El Espíritu es el único que estuvo presente desde el comienzo hasta el fin de la vida humana de Jesús, y mucho más, hasta Su resurrección. (Vea, por ejemplo, Lucas 1:35; Mateo 3:16; Lucas 23:46; Hebreos 9:14; Romanos 8:11). Sin embargo, la iglesia no ha entendido completamente la obra terminada de Jesús, ni el precio que fue pagado en la cruz: Cristo llevó todos nuestros pecados, maldiciones, enfermedades, dolencias, fracasos y ¡venció la muerte!

Si el Espíritu Santo no nos revela a Jesús, no podemos conocerlo.

En la cruz ocurrió un intercambio divino. Todo lo que la humanidad merecía por su desobediencia y rebelión, fue puesto sobre Jesús, y todo lo que Jesús merecía por Su obediencia, nos fue dado a quienes en Él creemos. Él tomó nuestro pecado a fin de que pudiéramos recibir Su perdón y salvación. Aunque la Palabra nos dice esto, no podremos entender totalmente este intercambio si el Espíritu Santo no nos lo revela. ¿Dónde comienza la revelación? En el momento mismo que con sinceridad nos preguntamos: *"¿qué puede dar el hombre a cambio de su alma?"* (Marcos 8:37 RVR1977); en otras palabras, cuando reconocemos ante Dios que nada podemos hacer nosotros mismos para salvarnos. Varios siglos antes, David tuvo revelación de esta verdad, por eso dijo: *"¿Qué es el hombre, para que tengas de él memoria, y el hijo del hombre, para que lo visites?"* (Salmos 8:4).

Cuando tenemos revelación de la obra terminada de Jesús en la cruz, el Espíritu Santo también nos da convicción de que en la cruz Él tomó nuestras enfermedades para que recibamos Su sanidad; Él tomó nuestra esclavitud para que recibamos Su libertad; Él tomó nuestra pobreza para que recibamos Su prosperidad; Él tomó nuestra vergüenza, para que recibamos Su gloria; Él tomó nuestra muerte para que recibamos Su vida.

Es importante que los cristianos tengamos revelación de la obra que Jesús consumó en la cruz. Muchos consideran que lo que Jesús logró por medio de Su muerte es solo una leyenda, no algo que puede tener un efecto transformador en sus vidas. Para evitar caer en las trampas a las que nos conducen ese tipo de pensamientos, debemos buscar la revelación de Dios. Sin ella viviremos en la ignorancia, oscuridad y engaño respecto a la verdad espiritual; porque cuando eso ocurre, el enemigo comienza a levantar fortalezas en nuestra mente.

El Espíritu Santo es el agente encargado de revelarnos la verdad; Él es quien nos trae el conocimiento divino, de manera que podamos salir de la oscuridad espiritual. Él nos guía a toda verdad y nos saca de la ignorancia acerca de la obra de la cruz. De hecho, el Espíritu Santo nos ha venido revelando la realidad de la cruz y la resurrección por más de dos mil años. Lo ha hecho generación tras generación, a fin de que la gente conozca a Cristo y la voluntad de Dios para sus vidas; y dejen de dudar que Jesús quiere —y puede— sanar, liberar y prosperar a toda persona que crea en Él.

El enemigo sabe que si los cristianos ignoran lo que Jesús pagó en la cruz, nunca podrán reclamar lo que les pertenece. Así que, si aún duda que la voluntad de Dios es salvarlo, sanarlo, liberarlo, prosperarlo y transformarlo, vaya al Espíritu Santo, y Él se lo revelará. Cuando usted realmente conozca y reciba la verdad, caminará en el poder de la obra terminada de Jesús, y podrá apropiarse de todos los beneficios de la cruz que he descrito, incluyendo la libertad, sanidad y restauración. Así, caminar en las obras sobrenaturales de Dios se convertirá en algo normal para usted.

Todo lo que esté necesitando en este momento, Jesús ya lo proveyó en la cruz, y el Espíritu Santo le revela esta verdad ¡ahora! Si está enfermo, yo declaro sanidad sobre su cuerpo. Si su mente está afligida, declaro liberación y paz. Si sus finanzas están estancadas, hoy rompo el espíritu de pobreza sobre su vida y desato las riquezas que Jesús ya nos dio. En el momento que el Espíritu Santo le revele lo que Jesús ya pagó en la cruz, usted será libre. Nunca más vivirá en la ignorancia ni caminará en la oscuridad. Durante mucho tiempo el enemigo ha querido mantenerlo en la ignorancia, pero yo le aseguro que la voluntad de Dios es que usted sea sano, próspero, transformado y renovado. Por encima de todo, Él quiere que toda su familia se salve. ¡Recíbalo ahora, en el nombre de Jesús!

3. EL ESPÍRITU SANTO NOS REVELA LA DERROTA DE SATANÁS EN LA CRUZ

Jesús dijo del Espíritu Santo que, *"cuando él venga, convencerá al mundo de pecado… y de juicio, por cuanto el príncipe de este mundo ha sido ya juzgado"* (Juan 16:8, 11). Solo el Espíritu Santo puede revelarnos cómo Jesús derrotó a Satanás, porque el Espíritu estaba allí como testigo, y porque Jesús desarmó al diablo y lo destronó de una manera sobrenatural. El Espíritu nos muestra que Cristo le propinó al enemigo una derrota absoluta, definitiva, irrevocable y eterna.

Satanás odia cuando decimos la verdad sobre la cruz, porque la cruz es el punto de referencia tanto para su derrota como para la salvación del hombre. La cruz es donde él perdió su dominio y poder sobre los seres humanos (vea Colosenses 2:15). Si está enfrentando problemas —temor, duda, confusión, pruebas, crisis y tribulaciones—, si está siendo perseguido, o si el enemigo está atacando su cuerpo, mente o espíritu, clame al Espíritu Santo y diga, "Espíritu Santo, revélame la derrota total que Cristo le propinó a Satanás". Entonces prepárese para aplicar la victoria de Cristo a su situación.

¿Por qué es tan importante que entendamos la derrota de Satanás? Porque cuando se nos revela el estado actual de Satanás, entendemos que tenemos poder y autoridad en Cristo para destruir sus obras. El enemigo está derrotado. ¡Jesús lo venció! Sin embargo, nosotros debemos tomar autoridad sobre Satanás y su poder en las tinieblas, a fin de hacer valer esa victoria. Tenga en mente que ese poder y autoridad para destruir las obras del diablo estarán activos en nosotros, siempre y cuando vivamos en obediencia y en relación íntima con Dios. ¡Establezcamos la victoria que Jesús ya ganó en la cruz!

> **Jesús derrotó a Satanás en la cruz; desde entonces, el estado del enemigo es el de derrotado, destronado, destruido y desarmado.**

¿Cómo demostramos que Satanás ha sido derrotado? Adorando a Dios y manifestando Sus obras. Por eso, cuando realizamos un Encuentro Sobrenatural en Los Ángeles, California, les pedí a los cuatro mil asistentes que estaban desesperados por tener un encuentro con el Espíritu Santo, que primeramente adoráramos a Dios. Luego les indiqué que una ola de milagros creativos vendría sobre todos ellos. Apenas lo declaré, la atmósfera cambió y cientos de testimonios de milagros fueron documentados. Sin embargo, tres de ellos llamaron poderosamente mi atención:

Un hombre llamado Abel testificó: "Yo era todavía un niño, cuando la función principal de mis riñones comenzó a deteriorarse debido a una infección. Sin embargo, no fue hasta hace un año que empecé a retener gran cantidad de líquido. El médico me dijo que mis riñones habían colapsado y tenían que insertarme una fístula arteriovenosa (FAV) para ayudarme a orinar artificialmente.

"En el Encuentro Sobrenatural, después que oraron por mí, desafiaron mi fe y me pidieron que hiciera lo que antes no podía hacer. Así que fui al baño ¡y pude orinar normalmente! Cuando los médicos me examinaron, confirmaron que ¡Dios había creado nuevos riñones en mí!"

Una mujer llamada Amaris declaró: "Al nacer fui diagnosticada con tumores en las glándulas suprarrenales. Estos dos pequeños órganos ubicados encima de cada riñón producen hormonas, regulan el metabolismo, ayudan a responder al estrés y controlan la presión arterial. Para salvar mi vida, los médicos me quitaron las glándulas suprarrenales cuando apenas tenía una semana de nacida, y me mandaron tomar medicamentos por el resto de mi vida. Por veintiséis años esperé un milagro que nunca llegó, hasta el día que fui a servir como voluntaria al Encuentro Sobrenatural Los Ángeles. Iba a comenzar a servir en la cafetería cuando el Espíritu Santo me movió a ir al auditorio a oír el mensaje. En ese mismo instante el Apóstol Maldonado comenzó a declarar una ola de milagros creativos, y yo dije: '¡El milagro que he esperado toda mi vida está aquí!' En el momento que él empezó a orar, sentí un fuego intenso en mi cuerpo, y como si hubiera una mano dentro de mi cuerpo empujando justo encima de mis riñones. Ese día, ¡el Espíritu de Dios creó glándulas suprarrenales en mí! Días después, los exámenes médicos confirmaron que en realidad había recibido mi milagro".

El tercer testimonio fue el de un hombre llamado Andy, que dijo: "Al nacer, los médicos me diagnosticaron hipotiroidismo. Le dijeron a mi madre que solo tenía la mitad de la tiroides, y por esto tendría que tomar Levothyroxine, una píldora de reemplazo hormonal, por el resto de mi vida. Esa pastilla me hacía sentir aletargado todo el día; me cansaba fácilmente y mi peso fluctuaba. Como crecí en la iglesia, había oído de lo sobrenatural, pero nunca lo había experimentado. Llegó un momento en que me harté de vivir con una enfermedad que sabía que Dios podía curar. Así que fui al Encuentro Sobrenatural Los Ángeles esperando recibir mi milagro. Cuando el Apóstol dijo que debíamos estar desesperados por tener un encuentro con el Espíritu Santo, empecé a clamar y le pedí a Él que me tocara. De repente, mientras adoraba, sentí sensaciones calientes y frías en mi garganta, y empecé a temblar incontrolablemente. Cuando toqué mi garganta sentí una ligera protuberancia que no tenía antes. ¡El Espíritu de Dios había creado la parte de mi tiroides que faltaba!"

En la cruz, ¡Jesús verdaderamente conquistó el pecado, la enfermedad y la muerte! Pídale al Espíritu Santo que le revele esto ahora.

4. ÉL CONVENCE AL MUNDO DE PECADO

"*Y cuando Él venga, convencerá al mundo de pecado… por cuanto no creen en mí*" (Juan 16:8–9). El término "*mundo*" aquí no se refiere simplemente al planeta, sino que proviene de la palabra griega "*kosmos*", que alude al sistema establecido o el orden social en que los seres humanos viven sin Cristo. El Espíritu Santo está en la iglesia revelando a Cristo, pero también está trabajando en las vidas de los no creyentes, trayéndoles convicción de pecado para que procedan a la salvación. La Biblia dice que el mundo —el sistema establecido— no es amigo de la verdad. Muchas personas no quieren oír la verdad, porque el espíritu del mundo y el Espíritu de Dios están siempre en oposición. Cada vez que hablamos la verdad de Dios, podemos anticipar persecución y rechazo, porque en el ámbito espiritual existe un choque entre estos dos espíritus.

Nadie puede venir a Jesús excepto a través del Espíritu Santo, quien los convence de pecado. Nuestro trabajo es predicar la verdad, para que el Espíritu Santo pueda hacer Su parte, llevando a los pecadores a que se arrepientan y sean salvos. El Espíritu Santo que mora en nuestro interior, también trae convicción de pecado a los creyentes; porque si bien hemos sido justificados por la obra de Cristo, cada vez que desobedecemos a Dios pecamos, consciente o inconscientemente. Aunque ahora somos enemigos del pecado, mientras estemos en la tierra éste nos asediará continuamente. De ahí que, cuando el Espíritu Santo nos trae convicción sobre algún área de nuestras vidas, debemos tomar la decisión de arrepentirnos delante de Dios, rechazar el pecado, luchar contra él y cambiar nuestra manera de vivir.

Hay cosas en su vida, amado lector, que no son correctas delante de Dios. Si usted puede decir: "siento convicción ahora", entonces éste es el momento para arrepentirse. Yo mismo he sentido la convicción del Espíritu Santo, y sé que si uno no cede, si no se rinde ni obedece al Espíritu Santo, el corazón se endurece y las consecuencias pueden ser aún peores.

Permítame ilustrarle cómo el Espíritu Santo trae convicción a nuestras vidas. Cierto día estaba conversando con un grupo de pastores, cuando de pronto empezaron a hablar sobre otro pastor y de las cosas que él estaba haciendo mal. Sin darme cuenta, comencé a participar en la conversación, porque lo que estaban diciendo era cierto. De pronto sentí una fuerte convicción en mi interior y me empecé a sentir mal. Inmediatamente me arrepentí y reconocí ante Dios que, aunque lo que se hablaba era cierto, yo no tenía el derecho de juzgar a ese otro pastor.

Ese día aprendí que tenemos que ser sensibles cada vez que el Espíritu Santo nos trae convicción de algo que estamos haciendo mal. Él nunca nos condena; solo nos convence de pecado para que podamos ser restaurados en nuestra relación con Él (vea Juan 3:17).

¿Le ha traído El Espíritu Santo convicción de pecado en algún área de su vida? ¿Quizá tiene problemas o quizá hay infidelidad en su matrimonio? ¿Ha sido negligente en dar los diezmos de sus ingresos a Dios?

¿Está usted en rebelión contra sus padres? En cualquier área de su vida en la que el Espíritu Santo le esté trayendo convicción, sea sensible a Él y no dude en arrepentirse. Dios le perdonará porque está escrito que, *"al corazón contrito y humillado no despreciarás tú, oh Dios"* (Salmo 51:17).

> **El Espíritu Santo convence al mundo y al no creyente de pecado, pero Él no los condena.**

5. ÉL NOS AYUDA A CUMPLIR CON NUESTROS ROLES Y RESPONSABILIDADES

El Espíritu Santo fue designado por el Padre y el Hijo como nuestro Ayudador oficial a fin de que podamos cumplir los roles y responsabilidades que Dios nos encomendó. Él colabora con nosotros en todo lo que va más allá de lo natural. Sin embargo, Él no trabaja *por* nosotros.

Mientras estuvo en la tierra, Jesús siempre ministró con la ayuda del Espíritu Santo; sin embargo, Cristo hizo Su parte. Él era un hombre maduro y de carácter firme, que tomó la responsabilidad que el Padre le delegó y la cumplió a cabalidad, trabajando duro en colaboración con el Espíritu. En otras palabras, nosotros hacemos la parte natural que nos corresponde, mientras el Espíritu de Dios hace la parte sobrenatural. Esta es la forma en que Dios y los seres humanos estamos supuestos a trabajar juntos.

Cuando clamamos al Señor por ayuda, Él nos envía Su Santo Espíritu. Jesús conoció esta realidad, por eso les dijo a Sus discípulos, *"Os conviene que yo me vaya; porque si no me fuera, el Consolador no vendría a vosotros; más si me fuere, os lo enviaré"* (Juan 16:7). La *Biblia Amplificada* (AMP) nos permite entender mejor el significado de la palabra *"Ayudador"*, en relación con el Espíritu Santo: *"Pero el Ayudador (Consolador, Abogado,*

Intercesor, Consejero, Fortalecedor, Apoyador), el Espíritu Santo, a quien el Padre enviará en Mi nombre…" (Juan 14:26).

Día a día, todos nosotros enfrentamos dificultades, tomamos decisiones difíciles, soportamos la acusación del enemigo por nuestras faltas y experimentamos el rechazo de otras personas, y todo esto nos debilita. En esos momentos necesitamos ayuda y también fe para enfrentar las cosas con las que no podemos lidiar en nuestras propias fuerzas. Debemos orar más fervientemente y buscar la ayuda de Dios en todo lo que hagamos, permitiéndole a nuestro Ayudador responder a nuestras necesidades.

6. ÉL NOS ACONSEJA

El Espíritu Santo es llamado el Consejero porque en momentos de aflicción, desaliento, ansiedad y desesperanza, Él es quien consuela nuestro corazón con la presencia amorosa del Padre. Él trae paz a nuestro corazón, nos recuerda las promesas de Dios, nuestro llamado y propósito, y nos ayuda a superar todas las pruebas.

Erick y Nydia, de West Palm Beach, Florida, conocieron al Espíritu de Dios como su gran Consejero cuando se encontraron en medio de una crisis matrimonial. Tuvieron que agarrarse fuertemente de Él, porque el estrés, la depresión, un desorden bipolar, el autismo y el adulterio, coincidieron para atacarlos a ellos y su unión matrimonial. Éste es el testimonio de Nydia:

"Cuando Erick y yo nos casamos todo iba muy bien, hasta que mi esposo comenzó a padecer de depresión sin que nosotros lo supiéramos. Como resultado, empezó a hacer cosas que dañaron nuestra relación. Unos años más tarde, nuestro hijo Cristian fue diagnosticado con autismo y la depresión de Erick empeoró. Meses después, Val, el menor de mis hijos, también fue diagnosticado con autismo. Además, mi esposo comenzó a sufrir ataques de pánico, y trató de cometer suicidio dos veces. La segunda vez, Cristian, nuestro hijo de nueve años, tuvo que actuar para evitarlo y Erick fue admitido en un hospital psiquiátrico.

"Mi esposo salió del hospital con un diagnóstico de bipolaridad. Tenía que tomar doce pastillas diarias, pero el medicamento hacía que se pusiera como un zombi y se quedara dormido en cualquier lugar. No podía trabajar y parecía no importarle nada. Al mismo tiempo, Cristian comenzó a recibir terapia para el autismo. Esta situación se convirtió en demasiado estresante para mí, porque empecé a cargar toda la responsabilidad de la familia sobre mis hombros, y tenía que cuidar a mi esposo y mis dos hijos. ¡Era tan abrumador que quería morirme!

"Encima de todo, mi esposo me engañó con otras mujeres muchas veces, y eso destruyó lo que quedaba de nuestra relación, al punto que nos separamos por catorce meses y empezamos el proceso de divorcio. Nuestras vidas estaban destruidas y nuestra familia completamente rota.

"Sin embargo, un día nos invitaron al Ministerio El Rey Jesús. Estábamos vacíos por dentro y nuestros sentimientos adormecidos, pero desde el primer servicio al que asistimos, el amor de Dios llenó nuestras vidas. Cuando pasamos al altar, el Espíritu Santo nos trajo convicción de pecado y nos arrepentimos. Unos días después nos bautizamos y empezamos el proceso de discipulado para nuevos creyentes. El Señor realmente trabajó en nosotros, liberándonos de falta de perdón, falta de identidad, maldiciones generacionales y mucho más. Seis meses después, mi esposo ya no necesita tomar medicamentos, Cristian tampoco necesita terapia y Val y los demás han sido diagnosticados completamente sanos.

"Cuando empezamos a conocer al Espíritu Santo como nuestro Consejero y a depender totalmente de Dios, todas las cargas que llevábamos fueron removidas. En vez de divorciarnos, nuestro matrimonio fue restaurado, y hace poco mi esposo y yo renovamos votos matrimoniales. Nuestra familia ha sido restaurada. Todos servimos en la iglesia, y aun nuestras finanzas están mejor que nunca. Ahora, somos una familia que ha sido transformada por Dios. Cuando vivíamos en aflicción, desánimo, ansiedad y desesperanza, el Espíritu Santo vino a nosotros y sanó nuestros corazones".

Si usted está pasando tiempos difíciles que lo han llevado a caminar bajo estrés; si su vida familiar está en peligro, si el enemigo está atacando su mente para que resista las cosas de Dios, si su ministerio está seco y necesita los ríos del Espíritu, ¡el Consejero está listo para ayudarlo! ¿Qué debe hacer? Simplemente pedirle, desde el fondo de su corazón, que lo ayude, y Él lo ayudará.

7. ÉL INTERCEDE POR NOSOTROS

Cada vez que necesitamos la gracia de Dios, Su protección, Su provisión o perdón, el Espíritu Santo clama al Padre e intercede por nosotros. *"Y de igual manera el Espíritu nos ayuda en nuestra debilidad; pues qué hemos de pedir como conviene, no lo sabemos, pero el Espíritu mismo intercede por nosotros con gemidos indecibles"* (Romanos 8:26). El Espíritu de Dios siente el peso de nuestras debilidades; toma nuestras cargas y las hace Suyas. Él va ante el Padre e intercede para que Dios actúe a nuestro favor.

El Espíritu Santo también ora por nosotros para que la voluntad de Dios se cumpla en nuestras vidas. No siempre sabemos cuál es esa voluntad, o cómo orar apropiadamente, pero el Espíritu intercede por nosotros para que se cumpla, pese a cualquier adversidad que se presente en el camino. *"Mas el que escudriña los corazones sabe cuál es la intención del Espíritu, porque conforme a la voluntad de Dios intercede por los santos"* (Romanos 8:27).

8. ÉL NOS REVELA LA VERDAD

Jesús dijo, *"Pero cuando venga el Espíritu de verdad, él os guiará a toda la verdad"* (Juan 16:13). Si uno de los nombres del Espíritu Santo es *"Espíritu de verdad"*, quiere decir que la verdad es una Persona. Esta realidad aplica a toda la Trinidad. El Padre posee toda verdad (vea, por ejemplo, Romanos 3:4), y Jesús es llamado *"el camino, la verdad, y la vida"* (Juan 14:6). El Espíritu es quien nos revela la verdad de Dios, y lo hace progresivamente, porque Dios es infinito, vasto, eterno e imperecedero. Nunca podríamos asimilar toda la verdad de Dios de una sola vez.

Mucha gente comete el error de rechazar al Espíritu Santo, sin darse cuenta que de esa manera están rechazando la verdad de Dios. *"Por esto Dios les envía un poder engañoso, para que crean la mentira, a fin de que sean condenados todos los que no creyeron a la verdad, sino que se complacieron en la injusticia"* (2 Tesalonicenses 2:11–12).

No podemos conocer la verdad fundamental sin la ayuda del Espíritu Santo. Si su corazón es sincero y anhela conocer la verdad de Dios, Jesús o la Palabra, el Espíritu Santo le guiará a hallar la respuesta a cualquier pregunta o duda que pueda tener. Su función es revelar la verdad a los hijos de Dios y advertirlos para que no caigan en el error. Esto es especialmente importante, porque Jesús dijo que una de las señales de los últimos tiempos sería el engaño. (Vea, por ejemplo, Mateo 24:3–13, 23–27). Si entendemos este peligro, debemos pedirle al Espíritu Santo que nos guíe a conocer toda verdad.

Una de las condiciones para que el Espíritu Santo pueda cumplir Su función de revelarnos la verdad de Dios es que tengamos un fuerte deseo por conocer la verdad y obedecerla. Muchos buscan la verdad simplemente por curiosidad, para acumular conocimiento o para demostrar cuán sabios son, pero no tienen la intención de obedecerla. ¡Dios no trabaja así! El Espíritu Santo le revelará la verdad, solo cuando tenga hambre de Dios, cuando esté dispuesto a someterse a ella y esté listo para obedecerla.

La gente que tiene un encuentro con el Espíritu Santo ama y anhela la verdad.

Debido a que desconocen el propósito y la asignación del Espíritu Santo, muchos ministros hoy en día tratan de usar su personalidad o carisma como base para operar el poder de Dios. Ellos ignoran que la base real del poder sobrenatural es la verdad de Dios. Cuando usted predica la verdad —la cual es Jesucristo—, el poder del Espíritu Santo se tiene que manifestar.

9. ÉL NOS ENSEÑA "TODAS LAS COSAS"

Otra función del Espíritu Santo es enseñarnos todo lo que necesitamos para cumplir nuestro rol en los propósitos de Dios en la tierra. Jesús proclamó: *"Mas el Consolador, el Espíritu Santo, a quien el Padre enviará en mi nombre, él os enseñará todas las cosas, y os recordará todo lo que yo os he dicho"* (Juan 14:26). El Espíritu nos recuerda las enseñanzas de Jesús, nos revela la Palabra y nos equipa para operar como hijos de Dios.

Cuando el Espíritu Santo viene a nosotros, Él nos guía respecto al pasado, nos dirige en el presente y nos conduce hacia el futuro, de una manera que nadie más puede hacerlo. En otras palabras, por el Espíritu Santo tenemos la habilidad de saber y entender *"todas las cosas"*: cosas que ya pasaron, otras que están ocurriendo ahora y las que vendrán. Por eso, si un creyente por medio de revelación habla acerca de algo que Jesús dijo o hizo durante Su ministerio, sobre lo cual puede no haberse escrito, eso se manifestará en el ahora para ministrarnos hoy.

"Traer a memoria" significa volver —a través del pensamiento— a un lugar, un momento o un tiempo específico que ya hemos experimentado. Por eso, cuando leo sobre ciertos eventos en las Escrituras, hablo y siento como si hubiera estado allí físicamente. Aunque mi cuerpo físico nunca estuvo en esos lugares, experimento esa sensación porque el Espíritu Santo que habita en mí, sí estuvo allí, y puede ayudarme a recordar lo que pasó en cada momento. Esta es una de las razones por las que nadie puede decir que conoce al Espíritu Santo, o que tiene una relación con Él, y no ha sido cambiado. Cuando el Espíritu Santo viene sobre nosotros, Él nos transforma, y en ese mismo instante Dios empieza a revelarnos Sus misterios.

Dios nunca ha querido escondernos nada o convertirse en un enigma para nosotros. Su intención original fue que lo conociéramos en toda Su majestad, omnipresencia, omnipotencia, gloria, dominio y poder. Con Su muerte en la cruz, Jesús removió nuestro pecado y nos dio acceso a conocer *"todas las cosas"*; éste es el mismo acceso que Él tuvo en la tierra. Jesús nos ha hecho coherederos con Él, y el Padre nos llama Sus hijos (vea Romanos 8:17). ¡Usted tiene el mismo acceso a la revelación que Jesús tiene! Así que, cuando el Espíritu Santo viene, lo que había permanecido velado salta a la luz, y Dios nos autoriza para conocer Sus misterios.

Además, vivimos tiempos en los que cada vez más revelación es puesta al descubierto. Incluso el conocimiento humano ha crecido dramáticamente en el último siglo, sigue acrecentándose en el presente de forma súper acelerada y estamos seguros que aumentará todavía más. Asimismo, los misterios del cielo están siendo desclasificados como nunca antes. Nos están siendo reveladas cosas que los profetas de la antigüedad jamás conocieron. Ni Moisés, ni David, ni Abraham, pudieron ver espiritualmente lo que nosotros vemos. Somos parte de la generación que Dios marcó cuando dijo que el Espíritu Santo nos daría habilidad para conocer "*todas las cosas*". Por todo esto, debemos permitir que la revelación de Dios nos lleve más allá de las limitaciones de nuestros cinco sentidos y que nuestras capacidades espirituales se expandan.

> **Cuando el Espíritu Santo viene, lo sobrenatural prevalece y la revelación toma el lugar de nuestros cinco sentidos físicos, expandiendo así todas nuestras capacidades.**

10. EL ESPÍRITU NOS DIRIGE Y NOS GUÍA

Otra de las funciones del Espíritu Santo es guiarnos y dirigirnos por el camino correcto. En Juan 16:13, Jesús les dijo a Sus discípulos: "*Pero cuando venga el Espíritu de verdad, él os guiará a toda la verdad; …y os hará saber las cosas que habrán de venir*". Su guía es confiable porque siempre la ejerce de acuerdo con la voluntad del Padre y con el pleno conocimiento de lo que ha de venir. Él conoce nuestro futuro; por tanto, sabe cómo llevarnos a buen destino.

El Espíritu nos da Su guía sobrenatural por medio del texto bíblico, palabras proféticas, visiones, Su voz y de muchas otras maneras. En definitiva, Jesús es el Camino por el cual los creyentes debemos ser guiados y la Verdad que debemos alcanzar (vea Juan 14:6).

Hay ciertos cristianos que buscan algo físico, material o humano que los guíe. Sin embargo, el Espíritu Santo que vive dentro de nosotros es el indicado para guiarnos a través de nuestra relación personal con Él; y nos guía de adentro hacia afuera. En un próximo capítulo, describiré las diferentes maneras cómo Él lo hace. Por ahora, basta con saber que, tal como guió a Jesús al Jordán para ser bautizado, al desierto para ser probado, a diario durante Su ministerio en la tierra, a la cruz para morir por nuestros pecados y a la resurrección, Él ahora nos guía al lugar de nuestra asignación, a emprender el negocio correcto, a tomar las decisiones correctas, a ofrecernos a nosotros mismos como un sacrificio agradable a Dios, a renunciar a las cosas que no le agradan al Padre y a hacer Su completa voluntad. Sabemos que el Espíritu Santo continuamente nos está guiando a la verdad; Él nunca nos conducirá a la mentira, a la falsedad o a cometer errores; Él siempre nos guiará a tomar decisiones acertadas. Una vez más, el Espíritu Santo conoce la voluntad de Dios, así que nadie está mejor capacitado que Él para conducirnos por el camino correcto para nuestras vidas.

11. ÉL TESTIFICA DE JESÚS Y NOS ACTIVA PARA TESTIFICAR

El Espíritu Santo es el testigo de Jesús en la tierra, y nos habla de Él. Jesús dijo: *"Otro es el que da testimonio acerca de mí, y sé que el testimonio que da de mí es verdadero"* (Juan 5:32).

El Espíritu de Dios también testifica de Jesús a otras personas por medio de nosotros. Juan el Bautista dio testimonio de Jesús y de cómo podemos reconciliarnos con el Padre a través de Él. (Vea, por ejemplo, Juan 1:29). Los discípulos de Jesús encontraron al Cristo resucitado, creyeron en Él, y se convirtieron en Sus testigos después que el Espíritu vino sobre ellos en Pentecostés. Ellos declararon sobre la muerte y resurrección de Jesús, *"Nosotros somos testigos suyos de estas cosas, y también el Espíritu Santo, el cual ha dado Dios a los que le obedecen"* (Hechos 5:32). Como vemos, un encuentro con el Cristo resucitado transformó a Pablo —uno de los más tenaces perseguidores de la Iglesia— y lo convirtió en uno de los más fuertes defensores de la fe a medida que testificaba de Jesús.

De la misma forma, cada discípulo de Cristo debe dar testimonio de Jesús en el poder del Espíritu. Jesús dijo, *"Pero recibiréis poder, cuando haya venido sobre vosotros el Espíritu Santo, y me seréis testigos en Jerusalén, en toda Judea, en Samaria, y hasta lo último de la tierra".* (Hechos 1:8). Nadie puede un ser testigo de Jesús sin antes haber tenido un encuentro con Él. Y un encuentro con Él viene como resultado de creer en el poder redentor de la cruz y de haber nacido de nuevo.

12. ÉL NOS UNGE CON PODER

Nosotros no somos testigos de Cristo porque tenemos títulos profesionales o avanzados grados educativos, sino porque hemos recibido el poder del Espíritu Santo. Al comienzo de Su ministerio, Jesús dijo,

> *El Espíritu del Señor está sobre mí, por cuanto me ha ungido para dar buenas nuevas a los pobres; me ha enviado a sanar a los quebrantados de corazón; a pregonar libertad a los cautivos, y vista a los ciegos; a poner en libertad a los oprimidos.* (Lucas 4:18)

La palabra *ungido* significa ser empoderado con habilidades divinas. Por consiguiente, ser ungido por Dios es ser empoderado sobrenaturalmente con una habilidad para hacer cosas "imposibles". Jesús fue ungido para sanar a los enfermos, echar fuera demonios, y hasta para caminar sobre las aguas. *"Dios ungió con el Espíritu Santo y con poder a Jesús de Nazaret, y como éste anduvo haciendo bienes y sanando a todos los oprimidos por el diablo, porque Dios estaba con él"* (Hechos 10:38).

La habilidad divina que usted tiene en su vida es la unción del Espíritu Santo.

Cuando el Espíritu Santo viene sobre nosotros con unción, somos empoderados para movernos en lo sobrenatural con osadía, porque ésa es la naturaleza de nuestro Señor. Dios nos transforma en vasos útiles, listos para ayudar a la humanidad en sus circunstancias imposibles, tal como lo hizo con Jesús. El Espíritu Santo siempre está disponible para suplir toda necesidad física, emocional y espiritual, y terminará Su obra en la Tierra por medio de nosotros.

Ahora quisiera que veamos más en detalle el propósito de la unción de Dios como el criterio principal para entrar en el ministerio y el rol de la revelación en la manifestación del poder del Espíritu.

LA UNCIÓN ES EL CRITERIO FUNDAMENTAL DE DIOS PARA EL MINISTERIO

Todo ministerio o llamado de Dios requiere del poder sobrenatural y la habilidad divina para ejecutarlo. Éste es el nivel mínimo que Dios requiere para que un ministro sea aprobado. Dios le da propósito y una asignación a todo lo que Él crea, pero también lo unge. Es decir, cada uno de nosotros como creyentes ha sido ungido de acuerdo al propósito y asignación que Dios nos ha dado; trabajamos para el Señor ungidos para una asignación específica. Cuando usted encuentra su propósito, recibe su unción y el poder sobrenatural de Dios en su vida se intensifica.

> **Lo más frustrante en la vida es que alguien sea ungido, y no sepa para qué.**

En sus comienzos, las que ahora son grandes denominaciones, exigían con celo que sus líderes reunieran el criterio de Dios respecto a la unción y se aseguraban que éste se cumpliera. Nadie podía enseñar ni predicar a menos que hubiera sido bautizado con el Espíritu Santo y poder. Como vimos, Jesús no comenzó Su ministerio público hasta que fue bautizado en agua y en el Espíritu Santo. Cuando Su tiempo llegó, fue al Jordán hambriento por más de Dios; como hombre, Él ansiaba un encuentro con el Espíritu Santo. Jesús fue en busca de unción pues conocía Su propósito y quería el poder de Dios para cumplirlo.

¡Jesús cumplió ese criterio! Por eso la Escritura se refiere a Él como *"Jesús Nazareno, varón aprobado por Dios entre vosotros con las maravillas, prodigios y señales que Dios hizo entre vosotros"* (Hechos 2:22).

> **El criterio de Dios para llamar a alguien al ministerio siempre ha sido y será haber sido ungido con el Espíritu Santo y poder.**

Igualmente, cuando Jesús estuvo listo para confiar a Sus discípulos que siguieran predicando el evangelio hasta lo último de la tierra, sopló sobre ellos el aliento del Espíritu Santo (vea Juan 20:22), antes de ascender al cielo y sentarse a la diestra del Padre. También, les dio instrucciones de no salir de Jerusalén hasta que hubieran sido investidos con poder de lo alto (vea Lucas 24:49).

Para ser aprobado por Dios, Jesús tuvo que cumplir el mismo criterio de unción que cualquier profeta de la antigüedad. De la misma forma, hoy la unción es requerida a cualquiera de nosotros que quiera ministrar a otros, en el nombre de Jesús. Aunque en el pasado se requería que una persona fuera aprobada o certificada por Dios para ejercer el ministerio, hoy en día ese criterio ha cambiado y solo se pide tener educación, carisma, talento humano, un buen testimonio, diplomas de un instituto bíblico o seminario, conocimientos de doctrina denominacional y así por el estilo.

Muchos instructores de institutos bíblicos y seminarios tratan de enseñar acerca de Dios, sin haberlo realmente conocido o experimentado.

Cuando una persona predica algo que nunca ha vivido, lo único que puede impartir es conocimiento mental o pura interpretación bíblica. En otras palabras, nadie puede demostrar a Dios a menos que haya tenido una experiencia con Él, y esa experiencia solo puede ocurrir a través de un encuentro con el Espíritu Santo. Una vez más, considero que debemos dar mucha importancia al estudio bíblico y la educación, pero el primer criterio para entrar en el ministerio sigue siendo haber recibido la unción del Espíritu Santo y la aprobación de Dios.

Hay tres cosas que los institutos y universidades bíblicas no pueden dar: llamado, unción y revelación. En nuestra iglesia, tenemos un Instituto de Liderazgo y una universidad bíblica (Universidad del Ministerio Sobrenatural) donde enseñamos y entrenamos a los creyentes para el ministerio, pero nos aseguramos que la doctrina sea confirmada por la Palabra y el Espíritu Santo, y enseñamos la verdad progresiva de Dios. No enseñamos solamente la letra de la Palabra. Ponemos gran énfasis en que los estudiantes tengan experiencias con Dios y en que sean activados en el poder sobrenatural por el Espíritu Santo.

La iglesia se ha conformado con saber del Espíritu Santo y del nuevo nacimiento, pero teme recibir el bautizo del Espíritu Santo y caminar en Su poder. Sin embargo, repito, la confirmación de que un ministerio ha sido ungido por el Espíritu Santo es la evidencia tangible y visible de Su poder sobrenatural.

Cuando Juan el Bautista estuvo encarcelado, envió a varios de sus discípulos a preguntarle a Jesús si Él era el Mesías o si tenían que esperar a alguien más. La respuesta que Jesús les dio no estuvo basada en argumentos, en citas bíblicas o profecías. Él categóricamente respondió usando *evidencias*, diciendo sin dudar: *"Id, y haced saber a Juan las cosas que oís y veis. Los ciegos ven, los cojos andan, los leprosos son limpiados, los sordos oyen, los muertos son resucitados, y a los pobres es anunciado el evangelio"* (Mateo 11:4–5).

Juan conocía la Escritura y sabía que había ciertos lineamientos de unción, por los cuales se reconocería al Mesías enviado por Dios. Incluso, había un refrán popular en esa época, que decía: "Cuando el Mesías venga abrirá los ojos de los ciegos y los oídos de los sordos" (vea Isaías 35:5). Cuando el pueblo vio que Jesús les devolvía la vista a los ciegos y el oído a los sordos, como confirmación de Sus enseñanzas, ellos reconocieron que Él era el Mesías. Aunque Jesús era perfecto y no tenía pecado, también tuvo que ser aprobado por Dios por medio de milagros, señales y maravillas, como el sanar enfermos. Si cree que no necesita milagros, señales y maravillas en su ministerio, entonces usted se considera mayor que Jesús.

El carisma, el talento y la habilidad humana han reemplazado la unción.

Actualmente vemos muchas personas en el ministerio trabajando en sus propias fuerzas y en base a sus propias habilidades. Por eso rápido se desalientan y terminan quemándose. Continúan viviendo conforme a la tradición y conocen solamente un evangelio histórico, por lo cual nunca experimentan el poder de Dios. Usted no tiene que ser uno de ellos. Como dije antes, usted es candidato a ser un portador del Espíritu Santo y Su poder. Si Dios pudo transformar y usar a una persona religiosa como el apóstol Pablo, también puede usarnos a usted y a mí. Todos tenemos el mismo potencial para echar fuera demonios y sanar enfermos, pues Dios nos ha dado el mismo Espíritu y poder. ¡Usted está ungido para hacer cosas "imposibles"!

El testimonio del Apóstol Jorge Ledesma, de la ciudad de Resistencia en el Chaco, Argentina, ilustra perfectamente la necesidad de caminar bajo la unción del Espíritu Santo. La iglesia que él había fundado varios años antes, Iglesia Cristiana Internacional, estuvo conectada muy de cerca a los avivamientos más importantes en Estados Unidos y Suramérica. Cada domingo, ocho mil personas se congregaban en su iglesia. Sin embargo, de pronto él comenzó a notar que había un gran vacío espiritual, y no lograba entender la causa. Por esos días, el Espíritu Santo le habló a su esposa y le dijo: "No me están dando lugar en la iglesia". Ambos se conectaron con nuestro ministerio, y esto es lo que el Apóstol Jorge dice que ocurrió después:

"Mi primer contacto con el Ministerio El Rey Jesús fue impactante. Descubrí que habíamos abandonado al Espíritu Santo con quien nos habíamos movido años atrás. Descubrí el poder de una iglesia apostólica; pero por sobre todo ¡descubrí la paternidad! Todo esto transformó nuestras vidas y ministerio de manera radical.

"Una vez que nos sometimos bajo la cobertura espiritual del Apóstol Maldonado, nuestros servicios cambiaron, y la iglesia también. ¡Nos metimos en el río del Espíritu! Después de solo cinco años junto al Apóstol, nuestro crecimiento se ha multiplicado. Hoy, más de veinticinco mil personas se congregan con nosotros cada domingo y seguimos creciendo. Hemos edificado —libre de deudas— un nuevo santuario con capacidad para dieciocho mil personas. Además, ofrecemos cobertura espiritual a otros pastores y ministerios que tienen hambre y sed de Dios, y ellos también crecen poderosamente.

"Si bien nuestra iglesia nunca enfrentó problemas financieros, cuando el Apóstol Maldonado nos visitó por primera vez, las finanzas se duplicaron en cuestión de días, ¡con el mismo número de personas! Es importante recalcar que nuestra iglesia está en una de las provincias más pobres de Argentina, lo que convierte los milagros financieros y nuestro gran edificio en un monumento al poder de Dios.

"Lo que vino a derribar las viejas estructuras es el río de revelación fresca que recibimos en cada Escuela Sobrenatural del Ministerio Quíntuple (ESMQ) y en cada Conferencia Apostólica y Profética (CAP) en el Ministerio El Rey Jesús. Yo me había acostumbrado a recibir una gran revelación y a trabajar en base a ella los cinco o diez años siguientes. Ahora entendemos que tenemos que acelerar nuestros pasos para ir al ritmo de Dios.

"Desde que comenzamos a caminar en el poder sobrenatural de Dios, hemos sido testigos de muchos milagros. Estos ocurren en cada uno de nuestros seis servicios semanales. Además de miles de milagros de todo tipo, hemos documentado muchos milagros creativos. Por ejemplo, personas sin conducto auditivo interno, de repente empiezan a oír claramente; mujeres a quienes les habían removido el útero, quedan embarazadas; también, vértebras que estaban destruidas, son restauradas en minutos. Yo suelo resumir todo de esta manera: ¡El Espíritu Santo está en Su casa y aquí Él se mueve con libertad!"

Si usted predica y no hay señales sobrenaturales que respalden su ministerio, algo anda mal.

Mucha gente va a los servicios en sus iglesias sin tener expectativa alguna de ver sanidades o milagros, porque es normal que nada ocurra. Entonces, si ven que alguien se mueve en el poder sobrenatural, con milagros, señales y maravillas, empiezan a sospechar de esa persona; incluso se atreven a tacharla de falso profeta o falso apóstol. ¡Todo está al revés! Cuando pienso en las personas que van a la iglesia sin expectativa de que el Espíritu de Dios se mueva, me pregunto, ¿No estarán cansados de ir a sentarse en una iglesia que carece de la aprobación de Dios? ¿Cómo pueden seguir a hombres que levantan un ministerio sin tener Su respaldo?

Quienes atacan lo sobrenatural de Dios contradicen la Escritura y a Cristo mismo. Entre ellos hay personas que critican desmedidamente el evangelio del Reino. Sin duda, critican lo que no pueden producir e inventan doctrinas para excusar su falta de poder. Pero Jesús dijo, *"Estas señales seguirán a los que creen: en Mi nombre echarán fuera demonios; hablarán nuevas lenguas…"* (Marcos 16:17). Si antes usted había dudado o rechazado lo sobrenatural, entonces le animo a que crea lo que Jesús dijo, para que Él pueda darle revelación y así, a partir de hoy, pueda empezar a tener un ministerio ungido y aprobado por el Padre.

La verdad no cambia; Dios nos aprobará de la misma manera que aprobó a Jesús. Sólo entonces los milagros, señales y maravillas nos seguirán. En todos los países que he visitado, he encontrado muchas iglesias y ministerios "Ichabod". La palabra *Ichabod* significa "sin gloria" (vea 1 Samuel 4:21). La gloria de Dios hace mucho que los abandonó y la presencia de Dios ya no está más allí; sin embargo, lo peor de todo es que ellos ni cuenta se han dado que la gloria de Dios ha partido. Aparentan ser una iglesia cristiana, con doctrina y tradición, pero carecen de poder porque el Espíritu Santo no está presente.

¿Tiene usted la aprobación de Dios? ¿Ha sido sobrenaturalmente empoderado por el Espíritu Santo? ¿Lo ha usado Dios para devolverle la vista a los ciegos, para que los paralíticos caminen o para resucitar muertos? ¿Lo ha usado Dios para echar fuera demonios? Si ha sido un instrumento de Dios para obrar milagros, liberar a los oprimidos y traer el cielo a la tierra por el poder del Espíritu Santo, entonces usted está aprobado por el Padre.

> ## La unción es la aprobación divina que confirma su llamado y propósito en Dios.

Recuerde que usted ha sido sobrenaturalmente empoderado por Dios, ungido para hacer cosas imposibles y para pensar por encima del *status quo*. Usted está ungido para liberar a la gente de las ataduras espirituales impuestas por el enemigo. Usted está ungido para traer transformación a la gente, lugares y cosas; para cambiar naciones; para ser productivo y fructífero. Usted está ungido para confrontar y retar el orden establecido cuando éste contradice a Dios y Su manera de aprobar y ungir a Sus hijos para el ministerio.

Nunca diga que no puede hacer algo, o que es demasiado difícil. ¡Usted tiene habilidades divinas! Está ungido para manifestar el poder y la gloria de Dios. Cristo lo comisionó cuando dijo: "*Y yendo, predicad, diciendo: El reino de los cielos se ha acercado. Sanad enfermos, limpiad* leprosos, resucitad muertos, echad fuera demonios; de gracia recibisteis, dad de gracia" (Mateo 10:7–8). De ahora en adelante, mientras va por la vida, donde quiera que vea una persona enferma, dígase a sí mismo: *Tengo habilidad divina*, y ministre a esa persona. Por ejemplo, si usted ha sido bautizado con el Espíritu Santo con la evidencia de hablar en lenguas, y ve a alguien en silla de ruedas, diga, *Yo he sido sobrenaturalmente empoderado para sanar a este paralítico*. Si encuentra alguien que acaba de morir, llénese de la osadía del Espíritu Santo y diga, *Yo he sido empoderado sobrenaturalmente para levantar muertos*. Actúe de la misma manera si necesita echar fuera demonios, restaurar un matrimonio, expulsar el espíritu de pobreza, o traer el reino de los cielos a la tierra en cualquier otra área. No tema confrontar a los demonios que están torturando a la gente. Actúe siempre bajo la guía del Espíritu de Dios, sabiendo que Aquel que lo envió lo respaldará en todo lo que emprenda, en el nombre de Jesús.

> **El poder que no se usa para cumplir los planes, la voluntad y el propósito de Dios es un poder corrupto.**

Usted no tiene que ser un pastor para echar fuera demonios o resucitar muertos. Tampoco tiene que ser perfecto. Si Dios estuviera buscando a alguien perfecto, nunca podría manifestar Su poder. Todo lo que necesita es estar disponible para ser usado por Dios, y tener un corazón hambriento por ver a la gente libre. Dios lo usará para manifestar Su poder sobrenatural.

¡LA REVELACIÓN ES CLAVE PARA LA DEMOSTRACIÓN!

La clave en todo esto es que recibamos revelación a través del Espíritu Santo y la pongamos en práctica, porque Su propósito es glorificar, revelar y manifestar a Jesucristo, usándonos como Sus instrumentos. Conforme a la Escritura, la mayor asignación del Espíritu Santo es impartir poder a los creyentes. Por eso dice, *"Pero recibiréis poder, cuando haya venido sobre vosotros el Espíritu Santo, y me seréis testigos en Jerusalén, en toda Judea, en Samaria, y hasta lo último de la tierra"* (Hechos 1:8). La base para que se manifieste el poder del Espíritu es aceptar Su conocimiento revelado, el cual viene a nosotros cuando lo buscamos. Lo primero, es aceptar la revelación de que Dios quiere que demostremos Su poder sobrenatural; luego debemos buscar revelación sobre lo que el Espíritu nos está hablando acerca de cada situación en particular, escuchando cuidadosamente lo que Él nos dice. Cuando el Espíritu Santo viene sobre nosotros regularmente, la revelación se convierte en algo normal para nosotros, en lugar de algo extraño. Sin revelación, somos ignorantes de las verdades espirituales y corremos el riesgo de usar el poder de Dios de forma incorrecta. Una vez que entienda estas cosas, se dará cuenta que el Espíritu Santo quiere moverse y manifestar Su poder a través de usted. ¡Y el conocimiento revelado es la clave!

Cuando tenemos conocimiento revelado, estamos listos para manifestar Su poder. ¿Está usted listo para cumplir el propósito de Dios? Nosotros somos los demostradores, los testigos legales de Jesucristo, ungidos para hacer lo imposible en Su nombre. ¿Está listo para decir, "sí, yo quiero demostrar el poder de Dios"? ¿Está preparado para salir de la barca y caminar sobre las aguas, como lo hizo Pedro?

Para vivir en la unción no tiene que asistir a un instituto bíblico por varios años. En nuestra iglesia hay creyentes que fueron salvos hace algunas semanas y ya echan fuera demonios y sanan a los enfermos. Esto sucede porque no es un asunto de talento sino del poder del Espíritu Santo, y Él ya está en nosotros. ¿Tomará usted hoy la decisión de demostrar el poder de Dios donde quiera que va? Éste es el propósito y la asignación del Espíritu Santo en su vida.

El conocimiento revelado es la base para manifestar y demostrar el poder de Dios, y es la clave de la capacitación divina.

ACTIVACIÓN

Si usted quiere demostrar el poder de Dios y ser un testigo legal de Jesús, con un ministerio aprobado por Dios, lo invito a orar al Espíritu Santo, diciendo:

Espíritu Santo, vengo delante de Ti a pedirte entendimiento para poder conocer la persona de Jesucristo. Soy un hijo de Dios y, como tal, reclamo el derecho a ser guiado y dirigido por Ti. Haz que vea, perciba y oiga Tu santa voz. Anhelo conocer la verdad acerca de mí mismo, de mi vida espiritual, mi matrimonio y todo lo que está a mi alrededor. Revélame la obra terminada de Jesús en la cruz y cómo derrotó a Satanás, para que pueda vencer al enemigo y hacer que Tu victoria prevalezca en la tierra. Trae convicción a mi vida acerca de cualquier pecado oculto. No quiero ofenderte ni apagarte.

Precioso Espíritu Santo, hay tantas cosas que yo no sé y te pido que me las enseñes. Clamo para que Tu unción venga sobre mí ahora, mientras oro, para que pueda ser un testigo legal de Jesucristo. Que pueda entender que estoy ungido para hacer milagros, señales y maravillas, para testificar sobre Jesús y para guiar a las personas a la salvación por medio de Cristo. Úngeme con la habilidad divina para hacer lo imposible. Revélame Tu palabra y Tu conocimiento para manifestar Tu poder. Dondequiera que vaya manifestaré y demostraré que Jesús está vivo.

No quiero una religión o una simple apariencia de piedad, quiero Tu Santo Espíritu. Quiero Tu poder, Tu revelación y Tu verdad. Si hay alguna verdad que he rechazado, te pido que me perdones, porque no quiero caer en el engaño. De ahora en adelante, te obedeceré y caminaré como Jesús caminó, en el poder del Espíritu Santo, para que lo sobrenatural se vuelva normal para mí. Hoy tengo un encuentro contigo y soy ungido para hacer lo imposible. En el nombre de Jesús, ¡lo recibo ahora! ¡Amén!

EL RECHAZO A LA PERSONA Y LAS COSAS DEL ESPÍRITU

Por mucho tiempo, la filosofía ha luchado con el fin de destronar a la teología bíblica, pero sigue fallando en el intento. La filosofía es el amor por la sabiduría humana; es la ciencia que trata de responder las grandes interrogantes que acosan al hombre, como el origen del universo, el sentido de la vida y otros asuntos relacionados, desde una perspectiva natural. En contraste, la teología bíblica es la ciencia que nos ayuda a ver las cosas desde la perspectiva divina; nos muestra cómo la Escritura testifica de la gloria de Dios en la obra de Jesús (vea Lucas 24:27) y en la persona y el poder del Espíritu Santo, quien inspiró toda la Biblia. De hecho, la Biblia afirma que cuando los hombres y mujeres de Dios profetizaron, siempre fueron inspirados por el Espíritu Santo (vea 2 Pedro 1:21).

El conflicto entre la filosofía y la teología bíblica ocurre porque la filosofía intenta estudiar y entender a Dios en base a la razón, lo cual es imposible. Solo el Espíritu Santo puede revelarnos a Dios en Su infinita magnitud. Cualquier rama del conocimiento que carezca del componente sobrenatural resulta nula, vacía y hasta engañosa. De hecho, aún si asistimos a un instituto bíblico u obtenemos un doctorado en teología, eso no garantiza que conocemos la verdad, porque *"el hombre natural no percibe las cosas que son del Espíritu de Dios, porque para él son locura, y no las puede entender, porque se han de discernir espiritualmente"* (1 Corintios 2:14).

Hay muchos que solo buscan explicaciones lógicas a las preguntas de la vida y terminan totalmente apartados de la verdad. En el proceso, terminan relegando a Jesús a la misma categoría que cualquier otro filósofo. Conozco personas que tienen varios diplomas y, como resultado de su "alto nivel educativo", han formado hasta sus propias opiniones de Dios, las cuales están muy lejos de la verdad contenida en la Escritura. Su conocimiento los lleva a vivir lejos de la revelación que nos ofrece el Espíritu de Dios.

Muchas religiones creen en los principios de Dios, pero no en Su poder sobrenatural.

Hoy en día, es común oír enseñanzas sobre el Espíritu de Dios y hasta de "las cosas del Espíritu", pero la idea de lo sobrenatural no es popular; es más, resulta ofensiva a mucha gente. Lo sobrenatural involucra milagros, señales y maravillas; los dones del Espíritu; la revelación de los misterios de Dios; la voluntad de Dios para cada temporada de la iglesia y las vidas de los creyentes; la transformación del espíritu, mente y cuerpo; la expulsión de demonios, la resurrección de muertos y más.

El Espíritu opera en el ámbito eterno, un nivel muy superior al de la razón. El hombre carnal opera únicamente en función de sus cinco sentidos. Por consiguiente, él no entiende las cosas del cielo; es incapaz de discernir las cosas que se originan en el Espíritu, ya que su mente comprende solo aquello que resulta lógico para los humanos.

La sociedad occidental está enfocada en la autosuficiencia, la individualidad y la satisfacción inmediata, por lo cual ha convertido la educación, la razón y la lógica en sus nuevos dioses. Ha reemplazado todas las cosas espirituales por las naturales y considera el poder sobrenatural de Dios como algo no intelectual u obsoleto. Como resultado, esta generación solo respeta aquello que puede ser científicamente probado, concretamente medido y lógicamente analizado. Este tipo de mentalidad —a la cual se ha reducido nuestra cultura contemporánea— niega el poder de Dios. Es natural que el conocimiento de Dios haya sido suprimido de las escuelas y universidades donde opera el espíritu del mundo y donde el conocimiento es venerado como la fuente de todas las cosas. Por esa razón, en muchas naciones, los sistemas educativos han removido a Dios de su currículum, y ahora lo tienen escondido y jamás se le menciona. Los estudiantes son educados en un mundo que vive en oscuridad espiritual y a diario son entrenados para negar la existencia de Dios. Sin embargo, como no puede reinar más de un dios en mismo ámbito, o reina nuestro Señor Jesucristo o reina cualquier otro dios.

Debo enfatizar aquí, que no estoy en contra del sistema educativo ni me opongo a que la gente estudie y se prepare. Por el contrario, siempre animo a los jóvenes de nuestra iglesia a obtener una educación superior, a recibir entrenamiento, adquirir conocimiento, a prepararse y equiparse con las habilidades necesarias para desempeñar un trabajo secular. Sin embargo, esta educación o conocimiento no debería suprimir o cambiar nuestra manera de pensar acerca de Dios, la cual está basada en la Biblia y la Palabra revelada de Dios.

¿Cómo podemos preparar a nuestros hijos para que no caigan en el engaño ni pierdan su fe? La generación joven necesita ser educada, a la vez que reciben el conocimiento revelado que el Espíritu de Dios les da, para poder vivir por encima y más allá del conocimiento natural. Necesitan saber también a qué se enfrentan cuando entran a una universidad. De esa manera podrán discernir lo bueno de lo malo, y retener sólo aquello que los edifique. Debemos instruirlos en el camino correcto, para que nunca se aparten del Señor (vea Proverbios 22:6). Si la iglesia no les enseña la verdad de Dios y el conocimiento revelado, nuestros jóvenes creerán todo lo que les enseñen las teorías filosóficas impartidas por el sistema del mundo y formarán parte de una generación que va en contra de Dios.

> **Nuestros hijos deben conocer a Jesús y Su obra redentora en la cruz, así como al Espíritu Santo, pues Él los guiará a toda verdad.**

Si esto es triste, peor es el hecho de encontrar el mismo problema en la iglesia. A lo largo de los años, el espíritu del anticristo se ha infiltrado en la forma de acercarnos a Dios. Hoy en día, en las iglesias, vemos que todo va bien mientras no se mencione lo sobrenatural y el Espíritu Santo. Si eso ocurre, viene la controversia. Sin embargo, el ser humano tiene una necesidad profunda de Dios que no puede ser satisfecha por medio de premisas teológicas o análisis filosóficos. La iglesia tiene también una gran necesidad del Espíritu Santo y Su poder sobrenatural, especialmente en este tiempo de oscuridad y mezcla de creencias.

Por consiguiente, no considero que el problema real venga de la atmósfera y la mentalidad que crea la educación secular, sino del hecho de que la iglesia no reconoce que el mundo está rechazando al Espíritu Santo. Si ignoramos este paradigma, ¿cómo podremos combatirlo? Si lo reconociéramos, deberíamos entender que la Biblia invariablemente establece como principio que, las batallas espirituales se ganan, *"no con ejército ni con fuerza, sino con mi Espíritu, ha dicho Jehová de los ejércitos*" (Zacarías 4:6). Parafraseando este versículo podemos decir que, "no es con lógica ni con filosofía, sino con el Espíritu de Dios". Quiere decir que, aunque el ámbito natural está dominado por la razón y el pensamiento científico, el poder sobrenatural del Espíritu Santo puede invadir ese ámbito y romper las leyes del espacio, el tiempo y la materia.

> **Entre más la iglesia trate de complacer a la gente, menos querrá buscar al Espíritu Santo y Sus obras.**

EL SISTEMA DE ESTE MUNDO RECHAZA AL ESPÍRITU DE DIOS

Analicemos ahora varias maneras en que, tanto el mundo como la iglesia, rechazan al Espíritu Santo, y luego veremos las consecuencias que esto trae.

1. EL RECHAZO A LA PERSONA DEL ESPÍRITU SANTO

Como hemos visto, el rechazo a la persona del Espíritu de Dios es algo que no solo hacen los no creyentes, sino que también ocurre en la iglesia. Cuando Su presencia se manifiesta en medio de un servicio, los líderes lo ignoran y siguen el programa que tenían preparado, sin permitir que Él se mueva entre Su pueblo. ¡A esos líderes no les importa! ¡Ellos en verdad no lo quieren en la iglesia! Esa es la razón por la que Él permanece contristado y apagado en tantas congregaciones, guardando silencio por largos períodos de tiempo y manifestándose solo de vez en cuando. En vez de buscar Su guía, los líderes han decidido dirigir la iglesia según sus propias agendas, adorando a Dios "a su manera", apresurándose a terminar los servicios, haciendo "vanas repeticiones" (vea Mateo 6:7), cantando las mismas viejas canciones y predicando sin revelación.

Su actitud arrogante grita al mundo que ellos creen saber mejor que nadie lo que debe ocurrir en la iglesia; se consideran por encima del Espíritu Santo. Por tanto, reprimen la manifestación de los dones del Espíritu, incluyendo las palabras de ciencia, la profecía, la fe, las sanidades, los milagros, el discernimiento de espíritus y el hablar o interpretar lenguas. Esto equivale a que un invitado le diga al dueño de la casa, "Yo soy el que está a cargo aquí". Es lo mismo que usurpar la autoridad.

> **El Espíritu Santo va donde es bienvenido, se queda donde es reconocido, y se mueve donde se le da libertad.**

Debemos estar conscientes que el Espíritu Santo solo va donde es celebrado, donde es tratado como una Persona enviada por Cristo, no solo donde es tolerado. La Escritura dice que en Él "*nosotros todos...somos transformados de gloria en gloria en la misma imagen* [de Cristo], *como por el Espíritu del Señor*" (2 Corintios 3:18). El origen de todas las cosas de Dios es el Espíritu Santo. Si usted no lo quiere, tampoco querrá nada que proceda de Él, no tendrá una relación con el Espíritu de Dios, será desconectado de la vida de Cristo y, como resultado, dejará de ser transformado a Su imagen. Lo que quede ya no será de Dios, sino una religión, una práctica cultural o una tradición. Sin embargo, cuando anhela la persona del Espíritu Santo, cuando lo conoce y le da el lugar que merece, una pasión por Dios y Su poder vuelve a encenderse en usted. Se hace más sensible al mundo espiritual y empieza a reconocer lo que proviene y lo que no proviene de Dios. Un celo genuino por aquello que procede del Espíritu empezará a crecer dentro de usted.

Cuando rechazamos la persona y las cosas del Espíritu de Dios, también rechazamos a Cristo como Cabeza de la iglesia. El Hijo de Dios dijo que nos enviaría al Espíritu Santo quien lo revelaría a Él y Su verdad; el Espíritu sería el Administrador de los dones, para llevar adelante el ministerio de Jesús en la tierra; el Espíritu sería el poder mismo por el cual operamos la unción para hacer milagros, señales y maravillas en Su nombre. Así que, si rechazamos al Espíritu Santo, rechazamos también la autoridad de Cristo sobre Su cuerpo, la iglesia.

> ## Usted no puede rechazar las cosas de Dios y decir que cree en el Espíritu Santo.

2. EL RECHAZO AL PODER SOBRENATURAL DEL ESPÍRITU SANTO

De los siete atributos del Espíritu Santo mencionados en Isaías 11:2, el que parece ser más rechazado es el *"Espíritu…de poder"*. Durante el nacimiento de la iglesia, todos los aspectos del Espíritu fluían con libertad y había un énfasis en Su poder. Le pregunto: ¿puede acaso el Espíritu Santo ser descrito sin el elemento del poder? ¿Puede Él obrar sin el ingrediente de lo sobrenatural? ¿Puede Él ser definido sin incluir los milagros o la expulsión de demonios? Cuando la persona, las cosas y el poder sobrenatural del Espíritu Santo son removidos, ya no queda iglesia. Por ende, tampoco hay más confrontación contra Satanás y los poderes del infierno.

Es como si el cristianismo moderno creyera que Dios ha cambiado, y que ya no es más todopoderoso; que si los milagros y manifestaciones sobrenaturales alguna vez ocurrieron, ahora son cosa del pasado, lo mismo que Jesús. Como mencioné antes, la mayoría de cristianos no tienen expectativas de que algo sobrenatural ocurra en sus congregaciones, en sus casas o en sus ciudades. Han reducido a Dios a la medida del hombre, pensando que así pueden rechazar el rol para el cual Dios les creó y resistir los propósitos del Creador.

Sin embargo, Dios sigue siendo Dios. Él no ha cambiado y sigue siendo el Creador y dueño del universo y de todo lo que en él hay. Jesucristo sigue siendo el redentor de una raza caída. (Vea, por ejemplo, Hebreos 13:8). La humanidad no podría sostenerse a sí misma si Dios no le diera aliento de vida; y lo más importante, no podría alcanzar la vida eterna sin la obra terminada de Jesús en la cruz. Dios es nuestro Padre; Él nos ama tanto como a Jesús, y nos ha dado la forma cómo podemos llegar a tener una relación íntima con Él. Sin embargo, eso no significa que podemos olvidar que Él es soberano, que Él es la Cabeza y Suprema Autoridad de toda la creación. Como seres creados, nosotros no le damos órdenes al Creador.

Antes dijimos que una de las funciones del Espíritu Santo es testificar acerca de Jesús y revelárnoslo. Si esto es así, ¿cómo puede alguien decir que cree en Jesús y a la vez negar una de Sus características más destacadas, Su vida sobrenatural? ¿Cómo puede alguien no creer en Su poder si todo en Jesús es sobrenatural —Su nacimiento, Su ministerio, Su resurrección y todo lo demás? ¿Cómo puede alguien rechazar lo sobrenatural y aún creer que puede ser lleno del Espíritu Santo? Asimismo, ¡no podemos conocer al Espíritu Santo mientras neguemos Su poder y milagros! Es como decir que usted conoce, ama y acepta a alguien, pero odia quien es él o ella.

> **Usted no puede decir que conoce al Espíritu Santo, pero al mismo tiempo negar lo sobrenatural y ser ajeno a Sus milagros.**

Satanás no pudo evitar que Jesús llevara a cabo Su plan de salvación. Sin embargo, aunque el enemigo no pudo detener la obra de la cruz, continúa tratando de atacar a los hijos de Dios. Como hemos visto, la siguiente etapa de su plan para derrotar al Hijo de Dios es ir contra la iglesia. Ya que no pudo evitar que naciera bajo el poder sobrenatural del Espíritu Santo, su plan desde entonces ha sido destruir al pueblo de Dios a como dé lugar. Para lograr esto, él contamina la atmósfera espiritual de la tierra con falsas doctrinas, con el propósito de convertir la iglesia en una entidad natural —más que espiritual—, carente del poder de Dios. Para el enemigo es fácil conducirla al sincretismo, o a un sistema que mezcle una variedad de doctrinas, con el fin de comprometer la verdad y los principios de Dios.

> ## El plan maestro del enemigo es hacer de la iglesia una entidad natural, vacía del poder sobrenatural del Espíritu Santo.

Cuando una iglesia cae en esta trampa, deja de ser una amenaza para el enemigo, porque ya no tiene las armas para pelear contra él. Como resultado, se vuelve irrelevante para su comunidad. Si una vez fue luz en medio de la oscuridad, se convierte en refugio de tradicionalistas religiosos; si antes la iglesia adoraba genuinamente a Dios, se vuelve una institución que apenas halaga a sus miembros. Si la iglesia alguna vez le permitió al Espíritu de Dios moverse en medio de Su pueblo y traer convicción de pecado, luego cambia y se convierte en una entidad sin vida que consiente el pecado y complace a los hombres en vez de a Dios. En esas iglesias, alguna vez Dios ocupó el primer lugar, pero ahora el líder a menudo pasa a ser la estrella del show y hasta se le trata como si estuviera por encima de Dios.

Después de viajar por más de 60 países, puedo testificar que la mayoría de iglesias no anhelan el poder sobrenatural de Dios. Nadie tuvo que decírmelo; lo he visto con mis propios ojos. Por ejemplo, se resisten a orar en lenguas por temor a ofender a la gente. Quienes así piensan prefieren agradar primero a los hombres, aun si al hacerlo desagradan a Dios. Por esa misma razón pierden la vida de Dios, se secan y se estancan. Asimismo, muchos líderes creen que pueden dirigir un ministerio sin el Espíritu Santo y Su poder sobrenatural, porque ven el ministerio como una carrera o profesión, no como un llamado de Dios. Sin embargo, esto no debería sorprendernos, pues es la misma actitud que el hombre mostró hacia su Creador desde el principio. Basta con observar al primer hombre y la primera mujer en el Edén, desobedeciendo a Dios, rebelándose contra su Creador y queriendo hacer las cosas en su propia habilidad.

> **Una carrera se logra por medios naturales, pero un llamado se puede cumplir únicamente de una manera sobrenatural.**

EL RECHAZO AL ESPÍRITU SANTO ES EL COMIENZO DE LA APOSTASÍA

Porque es imposible que los que una vez fueron iluminados y gustaron del don celestial, y fueron hechos partícipes del Espíritu Santo, y asimismo gustaron de la buena palabra de Dios y los poderes del siglo venidero, y recayeron, sean otra vez renovados para arrepentimiento, crucificando de nuevo para sí mismos al Hijo de Dios y exponiéndole a vituperio. (Hebreos 6:4–6)

Cuando la gente se aleja de su fe para ir en pos de sustitutos naturales, y comienza a vivir en un estado de seudo-espiritualidad, sin duda están a punto de caer en apostasía. Pronto aceptarán ser guiados por las creencias del mundo, que son transitorias, y no por las verdades eternas de Jesús, las cuales son reveladas por Su Santo Espíritu.

La palabra *apostasía* viene del Latin *apostasia*, que a su vez procede del griego *aphistasthai*. Esta palabra griega deriva del vocablo *apo*, que significa "fuera de", y *histasthai*, que significa "colocarse". En el mundo espiritual, "apostasía" significa colocarse fuera de la verdad. Significa disociarse o desvincularse de la fe, o renunciar a ella. Sus sinónimos son: *abandono, blasfemia, deserción, deslealtad, renuncia, retracción y traición*. Vivimos tiempos donde la iglesia está renunciando y disociándose a sí misma de la persona y las cosas del Espíritu, así como de lo sobrenatural. No es simplemente una tendencia o un problema inocente. Es el plan de Satanás. Su objetivo final es que la iglesia rechace lo sobrenatural y termine renunciando a Jesucristo. En suma, es el espíritu del anticristo y el principio de la apostasía.

En 1 Juan 2:18 leemos: *"Hijitos, ya es el último tiempo; y según vosotros oísteis que el anticristo viene, así ahora han surgido muchos anticristos; por esto conocemos que es el último tiempo"*. El prefijo "anti" en "anticristo" también procede del idioma griego, y significa "opuesto" o "con propiedades contrarias". El espíritu del anticristo se opone a Jesús e intenta reemplazar lo que Él representa. Odia todo lo relacionado con Jesús como el Ungido, con el poder de Dios y con la cruz. La unción es el poder de Dios que opera a través de nosotros. Por consiguiente, cuando alguien hace a un lado lo sobrenatural y rechaza al Espíritu Santo, inmediatamente pone un pie en el abismo, y corre el riesgo de apostatar de su fe. Peor aún, cuando se oponen a Jesús mismo, muestran que le han dado lugar en sus vidas al espíritu del anticristo.

Un pastor en mi ciudad solía reírse de mí y burlarse de las manifestaciones del Espíritu Santo en mi iglesia. Con frecuencia me atacaba por estas cosas; incluso un día comenzó a oponerse abiertamente al movimiento del Espíritu. Poco tiempo después lo arrestaron por infringir la ley y terminó en la cárcel. Esto lo llevó a perder el ministerio y todo lo que tenía. ¿Qué quiero mostrarle con esta ilustración? Que usted no puede pelear contra el Espíritu Santo, porque tarde o temprano el juicio de Dios vendrá sobre su vida. Cuando el espíritu del anticristo influencia la vida de una persona, ésta comienza a hablar mal del Espíritu, de Sus obras y de todo lo sobrenatural. Esto los lleva a comprometer los principios de Dios, a divorciarse de Su Espíritu, hasta que finalmente renuncia a su fe en Jesús.

> **El comienzo de la apostasía es el rechazo al Espíritu Santo, a las cosas del Espíritu y Su poder sobrenatural.**

CONSECUENCIAS DE RECHAZAR AL ESPÍRITU SANTO

Cuando la persona, las cosas y el poder del Espíritu Santo son removidos de una iglesia o de la vida de un creyente, pueden venir graves consecuencias; algunas de las cuales se superponen entre sí. Sin embargo, es vital que analicemos cada una por separado:

NO PODEMOS NACER DE NUEVO

Primero, sin el Espíritu Santo ni siquiera podemos nacer de nuevo.

Nicodemo le dijo [a Jesús]: ¿Cómo puede un hombre nacer siendo viejo? ¿Puede acaso entrar por segunda vez en el vientre de su madre, y nacer? Respondió Jesús: De cierto, de cierto te digo, que el que no naciere de agua y del Espíritu, no puede entrar en el reino de Dios.
(Juan 3:4–5)

"Nacer de nuevo" no es una experiencia religiosa. Es una obra divina que comienza y termina en el Espíritu Santo, y está directamente relacionada al crecimiento espiritual continuo. Nacer de nuevo significa empezar una nueva vida, desde cero. Cuando aceptamos el plan de Dios para salvación, somos transferidos en el Espíritu, de muerte a vida. ¡Recibimos la vida de Cristo! Dios nos da Su naturaleza y el Espíritu Santo viene a morar en nosotros. De ahí que, si rechazamos al Espíritu, nuestras vidas no pueden ser transformadas.

NO PODEMOS CONOCER A JESÚS

Jesús estableció con claridad que, para llegar a conocerlo, necesitaríamos al Espíritu Santo. A Sus discípulos les dijo, *"Cuando venga el Consolador, a quien yo os enviaré del Padre, el Espíritu de verdad, el cual procede del Padre, él dará testimonio acerca de mí"* (Juan 15:26). El Espíritu Santo es quien nos revela a Jesús; sin Él no podemos conocer al Hijo. Cuando Jesús fue bautizado en el Jordán, el Espíritu vino sobre Él en forma de paloma, testificando que Jesús era el Hijo de Dios. 1 Juan 5:6 afirma que, *"El Espíritu es el que da testimonio; porque el Espíritu es la verdad"*. Como vemos, en este versículo el verbo aparece en tiempo presente, indicando que, aunque esto ocurrió hace más de dos mil años, el Espíritu sigue testificando acerca de Jesús y revelándonoslo ahora y por la eternidad.

LA PRESENCIA DE DIOS SE LEVANTA DE NOSOTROS

En el Antiguo Testamento, el Espíritu fue removido de los Israelitas, y la gente llamó a ese momento *Icabod*, que en hebreo quiere decir, "la gloria ha partido", "sin gloria" o "traspasada es la gloria de Israel" (vea 1 Samuel 4:21). En aquel entonces, la gloria o la presencia de Dios se levantó de Israel a causa de la abundancia de sus rebeliones, pecado e idolatría.

Cuando removemos al Espíritu Santo de nuestras vidas, la presencia de Dios nos deja. Jesús estaba muy consciente de esa posibilidad espiritual y nunca quiso que la presencia del Padre lo abandonara. Sin embargo, para que Su propósito en la tierra se cumpliera, eso fue exactamente lo que tuvo que ocurrir. Clavado en la cruz y llevando sobre Sí todo el pecado cometido por la humanidad, durante todos los tiempos, Él clamó con desesperación, *"Dios mío, Dios mío, ¿por qué me has desamparado?"* (Mateo 27:46). Hoy vivimos tiempos en los que cada creyente debería tener el mismo temor santo, para que la presencia de Dios nunca esté ausente o se vaya de nuestras vidas. Clame hoy al Padre y diga, "Señor, no me eches de Tu presencia y no quites de mí Tu Santo Espíritu" (vea Salmos 51:11).

LA BIBLIA SE CONVIERTE EN LETRA DE LA LEY, PERO SIN VIDA

"[Dios] ...*asimismo nos hizo ministros competentes de un nuevo pacto, no de la letra, sino del espíritu; porque la letra mata, más el espíritu vivifica*" (2 Corintios 3:6). Como hijos de Dios, nacidos del Espíritu, somos "ministros de un nuevo pacto", uno que está basado en la promesa de Dios, que es viva y eficaz, y es revelada a través de las Escrituras.

Sin embargo, debemos cuidar de no poner la Biblia por encima del Espíritu Santo; pues Él es quien nos revela la Palabra de Dios, quien descubre la Escritura para nosotros y le da vida. Aunque tanto la Palabra como el Espíritu son importantes, la Biblia necesita ser revelada a nosotros por el Espíritu Santo de manera que pueda impactar y transformar nuestras vidas. La idea central es que no debemos simplemente conocer el texto de la Biblia para ser tenidos por sabios; sino que debemos seguir al Espíritu Santo a través de las Escrituras.

NOS ESTANCAMOS EN TODAS LAS ÁREAS

Si hay áreas de nuestra vida que nunca cambian, caemos en un estado de estancamiento. El estancamiento no proviene de Dios ni forma parte de Su naturaleza divina. Si de verdad somos hijos de Dios, nacidos de nuevo y llenos del Espíritu Santo, el estancamiento no puede ser parte de nuestras vidas. ¡Es antinatural para aquellos que pertenecen a la familia de Dios! La naturaleza divina implica crecimiento, avance y conquista. ¡Ése es nuestro ADN espiritual!

El Espíritu Santo es quien nos cambia y nos transforma; Él es quien nos hace crecer "*a la medida de la estatura de la plenitud de Cristo*" (Efesios 4:13). Si el Espíritu no está en nuestro interior, no recibiremos Su revelación para cada área en la que necesitamos cambiar. Lo peor es que el

Espíritu Santo no nos llevará hasta Jesús para ser liberados, ni cambiará nuestro corazón para que podamos apartarnos del pecado. La presencia del Espíritu Santo en nuestras vidas es la que nos encamina a una vida de crecimiento constante.

NOS QUEDAMOS CON UNA "APARIENCIA DE PIEDAD", CON RELIGIÓN E INSTITUCIONES

Cuando rechazamos al Espíritu Santo y Él levanta Su presencia de nosotros, nos quedamos con mera religión o con una vida aparentemente "cristiana". Vamos a la iglesia, cantamos las canciones correctas, hablamos el vocabulario cristiano y oímos las prédicas, pero nada cambia en nuestra vida. La gente llega enferma y se va enferma; los que van deprimidos, regresan a casa igual; quienes sufren problemas matrimoniales, retornan con ellos. ¡No hay transformación! Por eso muchas personas se desilusionan de la fe y vuelven a los mismos mecanismos para intentar superar problemas como, consumir drogas, comer o beber en exceso y fumar cigarrillos; continúan con la misma depresión, mentiras, adulterio y otros pecados.

Si éste es el caso, estamos lidiando con algo que parece una iglesia, pero no actúa como tal, porque no cambia las vidas de sus miembros ni suple las necesidades del mundo que se pierde a su alrededor. Se ha convertido en un conjunto de prácticas viejas —una institución de meras "repeticiones" religiosas. La que una vez fue fundada con la intención de presentarle al mundo quién es Jesús, se ha convertido en una organización humana, un club social, incluso en una organización de beneficencia. Debo decir que ninguna de estas instituciones es mala en sí, pero ellas están muy lejos del propósito para el cual la verdadera iglesia de Cristo fue creada.

¿Qué deberíamos hacer cuando encontramos gente *"que tendrán apariencia de piedad, pero negarán la eficacia de ella"* (2 Timoteo 3:5), que no quieren arrepentirse ni cambiar, e insisten en rechazar la obra del Espíritu Santo y Su poder? La Biblia nos advierte que cada vez que nos encontremos con ese tipo de personas, debemos apartarnos de ellas; el Apóstol Pablo concluye: *"a éstos evita"* (verso 5).

La apariencia de piedad es la forma externa de algo que no existe realmente en el interior; algo que carece del poder de Dios.

NO PODEMOS ACERCARNOS A DIOS

El Espíritu Santo nos revela la verdad; Él es quien abre nuestros ojos espirituales para que veamos a Dios; y nos equipa con los dones espirituales que trabajan en el ámbito eterno. El Espíritu vino a revelarnos al Padre, a darnos gracia y fe para creer en la obra redentora de Jesús en la cruz del Calvario. Sin el Espíritu Santo no podemos acercarnos a Dios; por tanto, si rechazamos al Espíritu Santo, rechazamos a Dios mismo y Él dejará de manifestarse en nuestras vidas. Los tres miembros de la Trinidad son Uno y no pueden separarse. Usted no puede recibir a Uno y despreciar al Otro, porque entonces rechazará a los Tres. *"El que recibe al que yo enviare, me recibe a mí; y el que me recibe a mí, recibe al que me envió"* (Juan 13:20).

VIENE EL JUICIO DE DIOS

El juicio de Dios cae sobre aquellos que, aun conociendo la verdad, eligen sustitutos de la misma. *"Porque es tiempo de que el juicio comience por la casa de Dios"* (1 Pedro 4:17). Yo creo que Dios juzgará a quienes contristan, apagan y rechazan al Espíritu y Sus obras, solo para agradar al hombre.

¡He visto cómo obra el juicio de Dios! Además del pastor del que les hablé antes, conozco pastores que les prohíben a sus congregaciones hablar en lenguas, creer en milagros, echar fuera demonios, y otros hasta se atreven a atribuirle al enemigo las obras del Espíritu Santo. He visto pastores morir sin cumplir su propósito en la tierra; he visto congregaciones que dejan de ser mega iglesias y cierran sus puertas en unos cuantos meses. Por esa razón, el deseo ardiente de mi corazón es pelear por las cosas del Espíritu y hacer que la iglesia retorne al Espíritu Santo y al poder de Dios. Creo que ésa es la voluntad de Dios y quiero cumplirla. Me duele ver tantos líderes y creyentes volver a los deseos de la carne, a su vieja manera de hacer las cosas y perder el hambre por Dios, porque son engañados y no respetan ni valoran al Espíritu Santo.

Muchas de las personas que hoy asisten al Ministerio El Rey Jesús, vinieron de otras iglesias, algunas de las cuales tenían pastores que no creían en hablar en lenguas ni en el mover del Espíritu Santo. Un día, algunas de esas personas fueron de visita a sus antiguas congregaciones, y cuando el pastor los oyó orar, les pidió que se callaran; él no creía que el Espíritu Santo se movería en su iglesia, pero tampoco quería que sucediera. Años después, la junta directiva de la iglesia despidió a ese pastor.

Primera de Timoteo 4:1–2 afirma, *"Pero el Espíritu dice claramente que en los postreros tiempos algunos apostatarán de la fe, escuchando a espíritus engañadores y a doctrinas de demonios; por la hipocresía de mentirosos que, teniendo cauterizada la conciencia"*, hacen lo que le desagrada al Señor. Como podemos ver, en los últimos tiempos aumentarán las doctrinas que buscan agradar a la gente, más que honrar y servir a Dios. Pero el Espíritu Santo no está entre nosotros para agradar a la gente; Él no está aquí por aquellos que están buscando simplemente una iglesia que se adapte a sus propias creencias y filosofías. Él está aquí para cumplir la voluntad de Dios.

LA IGLESIA SE CONVIERTE EN TESTIGO ILEGAL, CARENTE DEL ESPÍRITU SANTO Y SU PODER

Cuando fue al Jordán para ser empoderado por el bautismo del Espíritu Santo, Jesús determinó el estándar para vivir por el Espíritu. En ese momento, Él se convirtió en testigo legal del Padre y fue lleno del poder de Dios. Como hemos visto, Él no comenzó Su ministerio ni hizo milagros sin antes haber sido enviado y empoderado por el Agente de la unción, que es el Espíritu Santo. Ni siquiera se atrevió a enseñar o predicar sin el respaldo de lo sobrenatural. Aunque era Dios, Jesús no sacó a relucir Su título, sino que siguió los principios del Reino para así poder ejercer legalmente Su ministerio en la tierra.

> **La verdadera casa de Dios se define por el poder que alberga. Sin el poder del Espíritu Santo, el creyente será un testigo ilegal.**

A veces, los líderes de las iglesias envían gente a trabajar en la obra del ministerio, armados con conocimiento, pero carentes por completo del poder del Espíritu Santo. Jesús, en cambio, envió a Sus discípulos luego de investirlos de poder, el mismo poder que Él tenía. A menudo, nosotros no seguimos Su ejemplo, sino que violamos los principios del Reino haciendo las cosas según nuestra propia lógica, fuerza y creencias, sin depender del poder sobrenatural de Dios. Solo la presencia activa del Espíritu Santo nos da derecho legal para ministrar en Su nombre.

LA IGLESIA DEJA DE SER CASA DE DIOS Y SE CONVIERTE EN CASA DE HOMBRE

Con frecuencia la Biblia muestra la diferencia entre dos casas opuestas, una terrenal y otra espiritual. Por ejemplo, la casa de Saúl y la casa de David, o la casa de Esaú y la casa de Jacob. En el segundo caso, Jacob representaba a Israel, que es la casa de Dios, mientras Esaú representaba la casa del hombre. En la casa del hombre hay actividad humana pero no actividad espiritual; no hay milagros, señales ni maravillas; no hay liberación ni poder sobrenatural; no hay transformación ni cambio en el corazón. ¡No hay vida de Dios! Hay ministerios que tienen una gran congregación y mucha actividad, pero Dios no está complacido con ellos, porque son espiritualmente inmaduros y se han convertido en simples lugares de reunión social.

En la casa de Dios hay vida y un fuerte movimiento del Espíritu, con milagros, señales, matrimonios restaurados y corazones transformados; los individuos son cambiados, los demonios son expulsados y los muertos resucitados. Hay una actividad espiritual legítima porque en la casa de Dios Él habita. La pregunta es, ¿en qué casa quiere usted vivir? ¿Quiere estar en la casa del hombre o en la casa de Dios?

LA IGLESIA SE CONVIERTE EN UNA SIMPLE ENTIDAD NATURAL

Cuando la iglesia compromete la verdad y los principios de Dios, pierde su habilidad para manifestar Su poder sobrenatural y suplir las necesidades de la gente. Rechazar al Espíritu Santo y Sus obras deja a la iglesia sin poder para pelear contra el pecado, la enfermedad, la miseria, la pobreza, la muerte y todas las obras del enemigo. Esto vuelve a la iglesia una entidad natural o una institución humana, carente de poder para vencer aquello que tolera. Por eso la Palabra dice: *"No seas vencido de lo malo, sino vence con el bien el mal"* (Romanos 12:21).

LA IGLESIA SE VUELVE INEFICAZ

Aquí la palabra clave es *ineficacia*, porque una iglesia ineficaz pronto se volverá irrelevante. Ser eficaz significa tener la capacidad de lograr el resultado que se desea o se espera. Su habilidad de ser eficaz depende totalmente de su relación con el Espíritu de verdad y poder. Cuando rechaza al Espíritu Santo, la iglesia pierde su relevancia, su habilidad para marcar una diferencia genuina en la sociedad. Si queremos tener un impacto eterno y permanente en esta generación, no podemos prescindir del consejo y poder del Espíritu de Dios.

El Pastor Félix Orquera, de Iquique, Chile, tiene una de las iglesias más grandes y prósperas de su país porque decidió aceptar la guía del Espíritu Santo. Pero hace solo diez años no era así. Tenía apenas cerca de setenta personas en su congregación y sus finanzas estaban muy débiles.

Pero él tenía el sueño de impactar su generación, y lo que escuchó de parte de Dios marcó su vida para siempre. Éste es su testimonio.

"Era la segunda vez que veía el programa del Apóstol Maldonado, en Enlace TV —la cadena en español de Trinity Broadcasting Network (TBN)— cuando escuché a Dios decirme, 'Te he dado al siervo que está delante de ti como padre espiritual', ¡y eso realmente sacudió mi vida!

"De inmediato llamé al Ministerio El Rey Jesús, buscando estar bajo su cobertura, pero me dijeron que tenía que viajar a Miami. Una vez allá, nos recibieron amablemente y nos enseñaron la visión que Dios le había dado al Apóstol Maldonado. Al hablar con él, me sorprendieron sus palabras. Él me dijo, 'Hijo, si dices que Dios te habló, yo lo creo, pero déjame orar también; cuando Él me lo confirme, te daré mi paternidad'. Esto me dio tal sentido de seguridad que supe que estaba en el lugar correcto. Tiempo después me abrió las puertas del ministerio y me dijo: 'Todo lo que ves aquí lo puedes usar e implementarlo para tu gente'.

"Cuando mi esposa y yo regresamos a Chile, ya no éramos los mismos. ¡Ese viaje nos cambió! Los milagros comenzaron a manifestarse en nuestra iglesia y el Espíritu Santo empezó a moverse a nuestro favor. La iglesia pronto creció a doscientos miembros, pero nuestro deseo era ganar la ciudad entera para Jesús. Hoy, nuestra iglesia local cuenta con una membresía de mil ochocientas personas, pero además tenemos dos iglesias hijas, dos iglesias "satélites" y treinta y ocho iglesias bajo nuestra cobertura en Chile, Argentina, Bolivia, Brasil y Perú.

"Nuestra iglesia se mueve en el poder sobrenatural de Dios, y frecuentemente somos testigos de milagros financieros, pero la parte más impactante es que desde que entramos bajo la cobertura espiritual del Apóstol Maldonado, ¡las sanidades y milagros creativos que el Señor ha hecho en nuestra iglesia han sido innumerables! Un día, nos pidieron orar por una joven que estaba muy grave en el hospital. Al día siguiente ella murió, pero nosotros no sabíamos, y seguimos declarando vida y sanidad sobre ella. Su familia cuenta que mientras estaban en la morgue, arreglando los detalles para el funeral, oyeron gritos que decían: "¡Mamá! ¡Mamá!". Cuando corrieron a ver quién llamaba, encontraron a su hija, que había estado muerta por dos horas, ¡de vuelta a la vida y completamente sana! El mismo Espíritu Santo la tocó y sopló nuevo aliento de vida sobre ella. ¡A Dios sea la gloria!".

Este es un ejemplo de una iglesia verdaderamente eficaz, que está marcando la diferencia en el lugar de su asignación.

LA IGLESIA SE VUELVE UN SIMPLE CENTRO DE ENTRETENIMIENTO

En una iglesia donde el Espíritu de Dios es reprimido y no se le permite moverse con libertad, la alabanza y la adoración se convierten en simples conciertos musicales. De igual manera, las prédicas solo son mensajes motivacionales carentes del poder de Dios que llevan a la gente a crecer en su fe, madurar y manifestar lo sobrenatural en sus vidas.

Cuando usted tiene al Espíritu Santo y Su poder, no hay espacio para que los puntos de vista del mundo entren en su vida y distorsionen la verdad. Si usted ama a Dios y quiere ver Su gloria manifestada, no querrá que su iglesia sea simplemente un centro de entretenimiento. Pagará el precio del rechazo y la oposición para tener la presencia y la verdad del Espíritu Santo en su congregación. Esperará el cumplimiento de la promesa que dice: *"Bienaventurados sois cuando por mi causa os vituperen y os persigan, y digan toda clase de mal contra vosotros, mintiendo. Gozaos y alegraos, porque vuestro galardón es grande en los cielos"* (Mateo 5:11–12).

Sin el Espíritu Santo y Su poder, el cristianismo es mero entretenimiento.

LA IGLESIA NO PUEDE VENCER LAS CIRCUNSTANCIAS IMPOSIBLES DEL HOMBRE

Vivimos tiempos de cambios dramáticos, en los que los avances en tecnología, ciencia y comunicaciones han alterado para siempre el panorama de la sociedad. Y aunque la ciencia propone a diario muchas soluciones, seguimos enfrentando situaciones imposibles de resolver. Las enfermedades graves, la muerte, el hambre, la pobreza, la soledad, los desastres naturales, el terrorismo, las crisis financieras y otros riesgos, son desafíos constantes para una sociedad que se niega a aceptar a Dios.

Por ejemplo, más tarda la medicina moderna en descubrir la cura para una enfermedad, cuando otra nueva aparece. Todos los días se desarrollan nuevos medicamentos y surgen nuevos tratamientos psiquiátricos, pero la gente sigue muriendo por enfermedades, soledad, depresión y otros problemas emocionales. De igual manera, la naturaleza sigue siendo alterada por el cambio climático, sufrimos inundaciones, incendios forestales, sequías, terremotos, huracanes y tsunamis, que a su paso dejan ciudades y naciones devastadas. La iglesia no siempre tiene respuestas para cada circunstancia imposible que le ocurre al ser humano, porque ha perdido el poder del Espíritu. No hay manera de vencer la adversidad sin el poder sobrenatural del Espíritu de Dios.

Pero, ¿qué ocurre cuando aceptamos al Espíritu Santo? ¡Dios manifiesta Su presencia y se mueve con poder! Eso fue lo que ocurrió la última noche del Encuentro Sobrenatural que realicé en West Palm Beach, Florida, ubicado a hora y media al norte de Miami. El Espíritu Santo me dijo que quería obrar milagros creativos, así que llamé a todas las personas que necesitaban un órgano nuevo o les faltaba alguna parte del cuerpo. Esa noche, treinta y tres milagros creativos fueron documentados. Dios creó huesos nuevos, dientes, ovarios, glándulas tiroides, tímpanos y más. Pero el testimonio de Jenyne, una mujer afroamericana de cuarenta años, fue el que más me impactó. Esto es lo que testificó:

"Hace un año empecé a sufrir de una tos constante que no desaparecía. Cuando fui al médico me dijeron que tenía signos de neumonía y me recetaron antibióticos. Por los siguientes tres meses, mi cuerpo rechazó la medicina y la tos no cesaba. Además, empecé a sufrir de presión arterial alta, dificultad para respirar y vivía constantemente fatigada. Cuando fui al hospital, el médico tomó radiografías de mis pulmones y descubrió una acumulación de líquido pesado abriéndose paso de los pulmones hacia el corazón. Tuve que pasar por una cirugía de corazón abierto y los doctores removieron ¡casi setenta y cinco libras de líquido! Desafortunadamente, también descubrieron que mis riñones estaban fallando por el largo tratamiento con antibióticos.

"Cuando mi madre se enteró que el Apóstol Maldonado vendría a West Palm Beach, me invitó a ir al Encuentro Sobrenatural. Yo fui en una silla de ruedas. Siempre había creído en Dios y sabía que Él hace milagros, pero también sabía que muchas veces la sanidad es progresiva. Sin embargo, cuando el Apóstol declaró que Dios estaba creando nuevos riñones, me levanté de la silla y me atreví a creer esa palabra. Apenas él comenzó a orar, el Espíritu Santo vino sobre mí y me abrazó; sentí un calor intenso en mi espalda y en mi vientre. Yo sabía que había sido sanada, pues sentí mis fuerzas restauradas. Mis manos, que habían adquirido un color oscuro debido a la insuficiencia renal, cuando Dios me tocó, recobraron su color original. ¡Yo no podía dejar de llorar de alegría! Esa noche tuve la fuerte convicción de que Dios me había creado nuevos riñones. Días después fui al doctor, ¡y las pruebas mostraron que estaba completamente sana! ¿Qué puedo decir? Solo puedo gritarle al mundo que ¡Dios me ama!"

VOLVIENDO A LA COMUNIÓN CON EL ESPÍRITU SANTO Y LO SOBRENATURAL

Después de leer y entender las consecuencias que vienen por rechazar al Espíritu Santo, y luego de evaluar nuestras vidas a la luz de esas consecuencias, no podemos seguir viviendo de la misma manera. Tenemos que renovar nuestra comunión con el Espíritu de Verdad.

A lo largo de este capítulo, hemos visto la importancia de la presencia del Espíritu Santo en nuestras vidas, nuestra fe y nuestras iglesias. Queda claro que, aunque digamos que tenemos fe en Cristo, si rechazamos al Espíritu Santo caemos en apostasía. Cada vez que somos influenciados por el espíritu de engaño, que nos oprime y nos roba la vida de Dios, necesitamos ser liberados. Jesús mismo nos enseñó: *"Conoceréis la verdad y la verdad os hará libres"* (Juan 8:32).

> ## La verdad es el nivel más alto de realidad, y está presente solo donde mora el Espíritu de Dios.

¿Qué es la verdad? La verdad es Jesús, quien en la tierra es representado por la persona del Espíritu Santo. La Biblia dice: *"Pero cuando venga el Espíritu de verdad, él os guiará a toda la verdad; porque no hablará por su propia cuenta, sino que hablará todo lo que oyere, y os hará saber las cosas que habrán de venir"* (Juan 16:13). La Palabra también afirma que *"el Señor es el Espíritu; y donde está el Espíritu del Señor, allí hay libertad"* (2 Corintios 3:17).

Cuando no tenemos al Espíritu Santo no tenemos la verdad, y no podemos discernir entre lo verdadero y lo falso. Alguien que ha tenido una experiencia con el Espíritu Santo ama la verdad y tiene hambre de ella, porque ésta es la que nos libera de opresión.

La verdad es también la base del poder sobrenatural, y éste es el aspecto de la obra del Espíritu Santo que he venido enfatizando a lo largo de este capítulo. Hemos visto que, muchas veces, cuando la verdad se manifiesta en una iglesia, la gente la rechaza y dice que no proviene de Dios. Esto sucede cuando solo se practica una apariencia de piedad, pero no se vive en Su verdad. Esto les pasó a los fariseos, los saduceos y a los escribas del tiempo de Jesús. Ellos aparentemente vivían como justos, pero no pudieron reconocer la Verdad que estaba frente a ellos, en carne y hueso. Cuando usted avanza para llevar la verdad y demostrar el poder de Dios, mucha gente con hambre y sed de Él la reciben, pero otros tantos la rechazan, porque no a todos les gusta la verdad.

El problema que muchos tienen con la verdad es que expone la falsa realidad espiritual que están viviendo. Los confronta con sus problemas y les muestra su necesidad de arrepentirse y cambiar. Esto es algo de lo que muchas personas huyen, porque se sienten cómodas en su religión. La mayoría de fariseos y saduceos no recibieron a Jesús, porque cuando Él fue a sus sinagogas, les mostró la realidad en la que vivían, y ellos no estuvieron dispuestos a humillarse y cambiar. De nuevo, cuando el Espíritu Santo está ausente la verdad no está presente, y solo hay una forma, una tradición o un falso cristianismo, carente de poder para cambiar los corazones de la gente.

No hay libertad sin verdad, y no hay verdad sin el Espíritu de Dios.

DEJE QUE EL ESPÍRITU SANTO FLUYA

Nosotros, los hijos de Dios, hemos rechazado al Espíritu Santo, las cosas del Espíritu y Su poder sobrenatural. Esto nos ha llevado a perder la presencia de Dios en nuestras iglesias. Como consecuencia, carecemos de la verdad, de crecimiento espiritual y de la presencia de nuestro amado Señor. Nos hemos vuelto irrelevantes e inefectivos. Necesitamos volver al Espíritu Santo para que Él pueda revelarnos la verdad, sacarnos del estancamiento, acercarnos a Dios y avivar nuestro interior. Debemos dejar que el Espíritu Santo fluya en nuestras vidas, rendirnos a Él, y permitirle llevar a cabo Su obra, de acuerdo a la voluntad del Padre.

Cuando predico, le permito al Espíritu que venga sobre mí con Su poder y tome el control. Antes de cada servicio, me preparo en oración, ayuno y estudio de la Palabra. Esto me permite tener siempre un mensaje para el pueblo de Dios; pero muchas veces, Dios me ha llevado a predicar un mensaje diferente una vez estoy en el púlpito. Otras veces, el Espíritu Santo simplemente comienza a moverse en milagros, sanidades y liberaciones. Por eso, cada vez que voy a un servicio, estoy dispuesto a dejar que Él se mueva como quiera. Tengo un gran temor de Dios y no quiero apagar Su poder, porque sé que Dios siempre quiere hacer algo sobrenatural en medio de Su pueblo. Es por esto que la vida del Espíritu fluye en nuestra iglesia, en nuestros hogares y en nuestras vidas personales.

Si usted ha estado rechazando al Espíritu Santo con relación a cualquiera de las cosas que he mencionado en este capítulo; si se siente seco y vacío por dentro; si el Espíritu Santo no fluye dentro de usted; si todo lo que tiene es una apariencia de piedad, pero no el poder de Dios... lo que usted está siguiendo es una fórmula humana para la vida que no tiene nada que ver con lo divino. ¡Arrepiéntase!

Si usted es un ministro en su iglesia y reconoce que el poder y la vida de Dios no están presentes en su congregación, ésta es su oportunidad de arrepentirse. Clame a Él para que haga de usted un vaso que el Espíritu Santo pueda usar, para sanar y liberar a otros que están hambrientos de Su poder transformador.

Como hijos de Dios, le debemos al mundo una experiencia con lo sobrenatural y el Espíritu Santo.

Jesús dijo que apartados de Él nada podemos hacer. Al ser honestos con nosotros mismos, entenderemos que si no tenemos al Espíritu Santo carecemos de poder para responder a las necesidades de la gente. Necesitamos humillarnos y reconocer que no podemos hacer el trabajo del ministerio, suplir las necesidades de la gente, vencer al diablo ni expandir el Reino de Dios, sin la persona, las obras y el poder sobrenatural del Espíritu Santo.

Además, si está pasando por una situación aparentemente imposible —una enfermedad, una desilusión emocional, un problema financiero, una crisis en su matrimonio o en su familia—, éste es el momento de clamar al Espíritu de Dios. Usted jamás sabrá qué tan real es lo sobrenatural hasta que haya atravesado una imposibilidad que solo Dios puede solucionar. Ahora mismo, Él le está diciendo que está listo para suplir todas sus necesidades. Todo lo que debe hacer es creer que Él lo hará.

ACTIVACIÓN

Permítame guiarlo a una relación íntima con la persona del Espíritu Santo. Un día, David oró desesperadamente a Dios diciendo, *"No me eches de delante de ti, y no quites de mí tu Santo Espíritu"* (Salmos 51:11). Hoy, quiero que oremos de la misma manera. Acompáñeme a pedirle a Dios el Padre que nos muestre las áreas donde hemos apagado Su Santo Espíritu, y de qué manera hemos ofendido Su corazón. Que *"la gracia del Señor Jesucristo, el amor de Dios, y la comunión del Espíritu Santo sean con todos vosotros. Amén"* (2 Corintios 13:14).

1. Oración de arrepentimiento por haber rechazado al Espíritu Santo.

Padre celestial, en el nombre de Jesús, me arrepiento por haber rechazado la persona del Espíritu Santo en mi vida, mi familia, mi iglesia, mi ministerio y mi trabajo o negocio. Hoy, abro mi corazón al Espíritu Santo para que venga a mi casa, me guíe y me empodere para vivir una vida santa y recta. Me arrepiento por haberme separado del Espíritu Santo, por rechazar, blasfemar, o hablar mal de los milagros, señales y maravillas, de lo sobrenatural y de la gente que se mueve en el Espíritu Santo y habla en lenguas. Me arrepiento en el nombre de Jesús. Te pido que me perdones y me limpies por el Espíritu Santo, y que la sangre de Jesús lave mis pecados ¡ahora!

2. Oración por un milagro de Dios ante una situación imposible.

Este es el momento de buscar y clamar a Dios acerca de cualquier imposibilidad que tenga. Si está enfermo, si necesita liberación, si necesita el amor de Dios, si tiene una circunstancia que necesita cambiar, ¡es tiempo de clamar! Use el siguiente modelo de oración, pero hágalo con un corazón sincero:

> Padre celestial, clamo a Ti y te presento esas áreas de mi vida donde necesito un milagro. Estas situaciones son imposibles para mí y necesito Tu intervención divina. Remuevo todo obstáculo y clamo por Tu gracia sobrenatural para vencer todo aquello que trae estancamiento a mi vida. Ahora te pido Señor, que Tu poder se mueva en favor sobre mi vida. En el nombre de Jesús, amén.

LA DEMOSTRACIÓN DEL
ESPÍRITU Y EL PODER

Como iglesia, no estamos llevando a cabo el ministerio de Jesús tal como Él lo vivió y nos lo enseñó; por lo mismo, no lo estamos siguiendo verdaderamente como Sus discípulos. Estamos llamados a hacer mayores obras que Él (vea Juan 14:12), y caminar por la gracia del Ayudador; sin embargo, hemos perdido de vista el mandato y las promesas que Jesús nos dio para continuar Su obra en la tierra. Hemos dejado de oír Su voz y de obedecer Su mandato; por el contrario, nos hemos conformado a la sociedad mundana. Como el cuerpo de Cristo no ha entendido la magnitud de la obra que Dios le ha confiado, se ha retraído y doblegado ante las circunstancias que lo rodean.

El profeta Isaías dijo, "*Mi pueblo fue llevado cautivo, porque no tuvo conocimiento; y su gloria pereció de hambre, y su multitud se secó de sed*" (Isaías 5:13). Otro profeta también habló del mismo tema cuando dijo que el pueblo de Dios perece por falta de conocimiento. (Vea Oseas 4:6). No obstante, debido a su falta de revelación, la iglesia enseña acerca de un Dios histórico en lugar de enseñar del Dios del ahora. Pero Él anhela que recibamos Su conocimiento, a fin de que vivamos correctamente y manifestemos Su amor y poder a la humanidad. (Vea Oseas 6:6). Todo comienza por vivir y experimentar lo que el Señor nos revela, para que podamos entenderlo, enseñarlo y demostrarlo.

> **Lo sobrenatural primero tiene que ser experimentado, para luego ser comprendido.**

ENTENDIENDO LA REVELACIÓN Y EL PODER DE DIOS

Los siguientes puntos nos ayudaran a entender y demostrar la revelación y el poder de Dios a través del Espíritu.

1. LA DIFERENCIA ENTRE LOGOS Y RHÉMA

Primero, me gustaría establecer la diferencia entre estos dos importantes términos: *logos* y *rhéma*, con el fin de recibir revelación de Dios. Ambos se refieren a la Palabra de Dios, pero de dos maneras diferentes. Si solo practicamos un aspecto, nuestro conocimiento de Dios quedará fuera de balance. Aquí debemos recordar que la palabra *rhéma* siempre estará de acuerdo con la palabra *logos*, y que una nunca contradecirá a la otra.

Logos es la Palabra escrita de Dios, la cual, desde Génesis hasta Apocalipsis, fue inspirada por el Espíritu Santo. (Vea 2 Timoteo 3:16).

Jesús es el Verbo que existe desde la eternidad, desde antes de la creación. Él era con Dios y Él es Dios. Es el Verbo hecho carne que habita en nosotros y nos guía a la gloria del Padre. (Vea Juan 1:1, 14).

Rhéma es la palabra hablada de Dios para el ahora, para una situación específica. Cuando la Biblia nos pide que tomemos *"la espada del Espíritu, que es la palabra de Dios"* (Efesios 6:17), nos está mandando a hacer una declaración de fe, un decreto o una orden conforme a la Palabra de Dios, llena del poder del Espíritu Santo. Como cristianos, debemos aprender a usar la palabra *rhéma* como una espada con la cual combatir todo ataque del enemigo, de la misma forma como Jesús la usó cuando fue tentado por el diablo en el desierto. (Vea Mateo 4:1–11).

> **Logos es donde nuestra fe está establecida, pero *rhéma* es donde nuestra fe es activada.**

Una de las artimañas del enemigo es mantener a los cristianos enfocados en el *logos*, viviendo sin revelación. Por esa razón muchos no dan pasos de fe ni demuestran lo que predican. Otros creen, pero no están activados para vivir lo que creen. La mayoría no tenemos problemas con la Palabra escrita; pero respecto a la *rhéma* estamos divididos. Sin embargo, para alcanzar el conocimiento pleno de Dios y Su voluntad para nosotros, necesitamos la palabra *rhéma*, que es el *logos* revelado en el ahora.

Logos, la Palabra escrita de Dios, es:

+ La base de nuestra fe.

+ El fundamento de nuestra doctrina.

+ El núcleo de nuestro sistema de creencias.

Rhéma, la Palabra de Dios hablada y específica, es:

+ La aprobación del cielo para movernos en lo sobrenatural.

Si alguien quiere caminar en el poder sobrenatural de Dios, indudablemente necesita la Palabra rhéma.

Sabemos que Jesús tenía problemas con los fariseos y saduceos, los líderes religiosos de aquel tiempo. Los miembros de ambos grupos tenían mucha educación, por años habían estudiado la Palabra escrita —la Torá—, pero carecían de revelación. Su conocimiento encendía su orgullo, porque conocían la doctrina, la Ley, los mandamientos, los Profetas y las Escrituras muy bien. Creían en la Palabra escrita, pero no en la palabra *rhéma*. En otras palabras, tenían la letra de la Biblia, pero no su espíritu. Si lo hubieran tenido, habrían recibido revelación y reconocido quién era Jesús.

2. LA DIFERENCIA ENTRE LA PALABRA Y EL ESPÍRITU

La Biblia es la Palabra de Dios, pero el Espíritu es quien la revela y la manifiesta con Su poder. La Escritura establece la doctrina y las creencias fundamentales del cristianismo, pero el Espíritu es quien nos lleva a conocer esa Palabra. Por eso creo que el libro de los Hechos no fue escrito para mostrar las grandes proezas de los apóstoles, sino para resaltar la obra del Espíritu Santo, quien transforma a personas comunes en verdaderos héroes de la fe.

Para entender mejor este punto, veamos otro ejemplo concerniente a los saduceos. En cierta ocasión, Jesús fue interrogado por algunos miembros de este grupo acerca de la resurrección. Recuerde que esos sacerdotes del templo eran muy apegados a la religión y constantemente desafiaban a Jesús con su conocimiento de las Escrituras. Ellos intentaban hacerlo caer en una trampa para desacreditarlo. Sin embargo, sabiamente Jesús les respondió, *"El error de ustedes es que no conocen las Escrituras y no conocen el poder de Dios"* (Marcos 12:24 NTV).

Para un cristiano es peligroso estar lleno de la letra de las Escrituras pero vacío de la Palabra revelada, porque la letra puede destruir cualquier avivamiento del Espíritu.

El conocimiento intelectual que tenían los saduceos no les bastaba para entender la Palabra. Debido a su falta de revelación, los saduceos veían a Dios como un dios de muertos; sin embargo, para Jesús estaba claro que Él es un Dios de vivos, con poder más que suficiente para resucitar a los que murieron. Por tanto, el solo conocimiento de las Escrituras no basta. Debe estar ligado al conocimiento revelado del poder de Dios. Solo quienes conocen la Palabra, pero además tienen revelación del Espíritu Santo caminarán en el poder de Dios.

Las portadas de las Biblias deberían incluir una advertencia que diga: "La letra sin el Espíritu mata". Como escribió Pablo, "[Dios] *nos hizo ministros competentes de un nuevo pacto, no de la letra, sino del espíritu; porque la letra mata, más el espíritu vivifica"* (2 Corintios 3:6). Por eso, para entender la Palabra, necesitamos depender del Espíritu Santo, a fin de que ésta nos sea revelada y se vivifique en nuestro espíritu. De lo contrario, se nos hace imposible vivir una vida cristiana, caminar en la verdad y demostrar la Palabra con poder.

Para demostrar el poder de Dios, necesitamos revelación de la Palabra en el ahora.

Hay familias cuyos hijos prefieren estar con el padre, mientras en otras eligen estar con la madre; lo que muchos no ven es que ellos necesitan a ambos. En el cuerpo de Cristo ocurre algo similar. Algunos creyentes tienden a aferrarse solo a la Palabra, basados en versículos como Lucas 21:33, *"Cielo y tierra pasarán, pero Mis palabras no pasarán"*. Otros creyentes piensan que todo debe ser Espíritu y así subestiman la Palabra. Sin embargo, lo realmente bíblico es mantener el equilibrio, porque el uno y el otro se complementan. De ahí que, escoger alguno por encima del otro puede llevarnos por el camino equivocado. Pero estos son tiempos en que Dios está levantando una nueva generación, que ama tanto la Palabra como el Espíritu.

3. LA DIFERENCIA ENTRE TEORÍA Y PRÁCTICA

La teoría tiene que ver con la elaboración mental de una idea, un principio o una creencia; es intangible. La práctica, sin embargo, consiste en poner una teoría en acción. El evangelio que Jesucristo vino a predicar es una combinación permanente de ambos aspectos, el teórico y el práctico. Si la teoría del evangelio se separa de la práctica del evangelio, automáticamente deja de ser el verdadero evangelio del Reino.

Hay iglesias que hacen un buen trabajo con el evangelio en lo que respecta a llevar a la gente a arrepentirse de sus pecados y buscar a Jesús para salvación de su alma. Pero cuando se trata de finanzas, por ejemplo, rápidamente separan la teoría de la práctica; sus miembros no diezman, ofrendan solo de vez en cuando, nunca siembran financieramente en la vida de otras personas, etcétera. Pareciera como que, si algo es intangible lo aceptan, porque no representa exigencia o demanda alguna a su comportamiento externo, ni requiere que salgan de su zona de comodidad. Sin embargo, cuando se les pide vivir de acuerdo con el evangelio que predican, las cosas se complican, porque la práctica niega su teoría.

Ningún conocimiento será realmente suyo hasta que lo practique y lo viva. Si lo que usted cree permanece como teoría, no es más que simple información. Bajo estas circunstancias, cuando usted enfrenta adversidad, enfermedad o crisis, la teoría del evangelio no le ayudará. Al contrario, usted estará tan indefenso como cualquier persona que no tiene a Dios.

¡El evangelio del Reino no es teoría sino poder! (Vea 1 Corintios 4:20). Esto significa que en la vida no importa cuánta teoría sepamos, sino cuánta de esa teoría ponemos en práctica.

La Biblia está completa, pero no todo nos ha sido revelado por el Espíritu.

¿Cuánto de lo que usted sabe ha practicado realmente? ¿Cuánto ha obedecido? ¿Cuánto de lo que conoce ha experimentado? Una de las razones por las que la iglesia no demuestra el poder de Dios es porque las verdades del Reino permanecen solo en las mentes de los creyentes. No hemos aplicado el poder y la revelación de la Palabra.

4. LA DIFERENCIA ENTRE REVELACIÓN Y MANIFESTACIÓN

REVELACIÓN GENERAL Y REVELACIÓN ESPECIAL

Para nuestro propósito, podemos decir que hay dos tipos de revelación: (1) la revelación general, que incluye todo lo que Dios ha comunicado sobre Sí mismo, a toda persona, en todos los tiempos y en todo lugar, y (2) la revelación especial, que incluye todas las comunicaciones de Dios a ciertos individuos, en momentos específicos.

La revelación descubre una porción de la mente de Dios en el ahora. La manifestación es la evidencia tangible y visible de esa revelación. Revelación y manifestación son interdependientes; esto quiere decir que no hay revelación sin manifestación espiritual, y viceversa. Para operar en la tierra como Jesús lo hizo, debemos tener ambas.

> **La realidad espiritual que usted experimenta en el ámbito invisible debe manifestarse en el ámbito físico e impactar el mundo natural.**

Al decir que la revelación es el requisito para demostrar el poder de Dios, reitero el hecho de que la mera información y el conocimiento caído no transforman a la gente. Aquello que no procede de revelación no cambia a las personas, porque el poder del Espíritu Santo no se manifiesta en su interior. En cambio, como lo veremos, toda verdad invisible se puede manifestar desde lo sobrenatural hacia lo físico y alcanzar nuestros cinco sentidos a través de la revelación.

La mayoría de manifestaciones sobrenaturales que hemos visto en la iglesia, hasta ahora son el resultado de la soberanía de Dios, y no porque hayamos recibido revelación para demostrar ese poder. Creo que mientras la iglesia carezca de revelación, no veremos las demostraciones del Espíritu o el verdadero poder de Dios, los cuales están disponibles para nosotros. Necesitamos revelación del conocimiento bíblico que hemos obtenido, así como de la Palabra *logos* y la teología que conocemos. Para eso el Espíritu Santo fue enviado a nosotros, para revelarnos esas verdades y traer manifestaciones visibles del poder de Dios a la tierra.

LA REVELACIÓN TRAE LA MANIFESTACIÓN

Realmente necesitamos entender que la revelación es lo que diferencia a los creyentes que manifiestan el poder de Dios de aquellos que no. Mucha gente abraza verdades sobrenaturales, como el avivamiento, la unción, los milagros del Espíritu Santo, la liberación y los dones, pero no los manifiestan porque no saben cómo. Nuestra generación está desesperada, no solo por escuchar un mensaje, sino también por ver el poder de Dios demostrado. Cuando una iglesia inventa excusas para no demostrar Su poder, da a luz creyentes que poseen una fe pasiva. Por eso hay tantos hijos de Dios, hoy en día, que comprometen la verdad y están más preocupados en complacer a la gente que en conocer a Dios a través de las manifestaciones de Su Santo Espíritu. De nuevo, mi pregunta es, ¿ha permitido que Dios lo use para demostrar Su poder, para hacer que un ciego vea o un sordo oiga?

La revelación de la Palabra es el lugar donde el Espíritu Santo manifiesta las demostraciones sobrenaturales de poder.

Las siguientes son algunas formas en que la revelación nos lleva a la manifestación:

+ *La revelación desata actividad espiritual.* El nivel de revelación de una persona puede medirse por la actividad espiritual que manifiesta. Esto se conoce como "el manto de revelación", el cual Dios le da a cada uno de Sus ministros. Cuando alguien carga revelación, provoca actividad espiritual que manifiesta la presencia de Dios a otros. El enemigo sabe si usted está cargando revelación, y lo atacará, a veces hasta físicamente, para detener el incremento de esa revelación y su manifestación.

+ *La revelación estimula sus pensamientos.* Cuando un hijo de Dios carga revelación del Espíritu Santo, ésta se manifiesta en el incremento de sus habilidades mentales.

+ *La revelación transforma a la gente.* Si usted no está siendo transformado es porque solo está recibiendo información, mas no revelación.

+ *La revelación acelera el crecimiento del pueblo de Dios.* La revelación produce tanta aceleración en lo natural que nos activa para caminar en lo sobrenatural. Nos regresa a nuestro estado original como seres humanos, cuando Dios le dio vida a Adán con el soplo de Su Espíritu. Cada vez que la revelación viene a nuestras vidas por la impartición del Espíritu Santo, la aceleración se manifestará en cada área de nuestro ser.

El nivel de revelación de un líder determinará la actividad espiritual de su iglesia.

5. LA DIFERENCIA ENTRE CONOCIMIENTO Y EXPERIENCIA

Jesús les prometió a Sus discípulos un mayor nivel de conocimiento y poder cuando les dijo, *"Pero quedaos vosotros en la ciudad de Jerusalén, hasta que seáis investidos de poder desde lo alto"*. La versión *Nueva Traducción Viviente* dice, *"…hasta que el Espíritu Santo venga y los llene con poder del cielo"* (Lucas 24:49 NTV). En griego, la palabra *"llenar"* o *"investir"* es *enduo*, que también significa ser "vestido" con poder, incluyendo habilidades y conocimiento.

El día de Pentecostés, Dios les impartió a los seguidores de Jesús no solamente Su poder, sino también Su revelación, porque Él no permite que Su poder funcione con mera información carnal o natural.

El poder de Dios es para aquellos que quieren ser testigos de Jesús, y Su conocimiento nos permite saber cómo operar en ese poder. "*Y ellos, saliendo, predicaron en todas partes, ayudándoles el Señor y confirmando la palabra con las señales que la seguían*" (Marcos 16:20). El conocimiento de Dios nos lleva a tener una experiencia con Él y Su poder por medio del Espíritu Santo.

Cuando Dios nos imparte Su poder, también nos da Su conocimiento.

La palabra de Dios es Su fuerza de vida (vea Juan 1:1, 14; 14:6). Esto quiere decir que cuando recibimos Su Espíritu también recibimos Su fuerza de vida, Sus enseñanzas y el conocimiento de "*todas las cosas*" (vea Juan 14:26). Cuando caminamos con Él, no hablamos desde nuestra propia inteligencia; sino que quien habla es el Espíritu Santo que mora dentro de nosotros. Las palabras que hablamos están cargadas con poder, porque el conocimiento de Dios nos ha llevado a una experiencia con el Espíritu. Así que, no es lo que sabemos o la forma cómo lo decimos lo que hace la diferencia, sino el Espíritu por el cual conocemos la verdad y por el cual hablamos. No deberíamos hablar movidos por nuestras propias opiniones, sino desde el conocimiento que el Espíritu nos ha permitido experimentar.

La mente humana tiende a rechazar las experiencias del Espíritu, porque en nuestra cultura estamos programados para recibir información sin haber tenido una experiencia. Por eso, Jesús "*se [les] apareció a los once mismos, estando ellos sentados a la mesa, y les reprochó su incredulidad y dureza de corazón, porque no habían creído a los que le habían visto resucitado*" (Marcos 16:14). Como vemos, Jesús ya resucitado de entre los muertos, tuvo que reprender a Sus discípulos, no solo porque habían dudado de Su palabra, sino porque además, se habían burlado de quienes lo habían visto luego de resucitar. Incluso, estando de pie frente a ellos, Tomás apenas si podía creerlo. Actualmente las cosas no son tan diferentes. En nuestras reuniones, aun después de experimentar lo sobrenatural, muchos todavía se rehúsan a cambiar.

Un día le pregunté a una de mis asistentes que estudió Administración de Empresas en una prestigiosa universidad de la Florida, cuántos de sus profesores tenían experiencia en el campo de los negocios. Su respuesta fue: ¡Ninguno de ellos! Mi pregunta es: ¿Cómo puede alguien enseñar a hacer negocios, sin tener experiencia en ese campo? El hecho es que ese tipo de cosas son muy comunes en nuestra sociedad occidental. Si alguien sabe lo que tiene que decir y cómo decirlo, no les importa que nunca haya tenido experiencia. ¡Pero el Reino no funciona así! Para caminar en los principios de Dios, necesitamos tener tanto el conocimiento como la experiencia. Hoy en día, en la iglesia hay gente que nunca ha vivido una experiencia con lo que conoce; otros están peor, porque ni siquiera conocen la teoría. ¡Ambos grupos necesitan una experiencia!

El conocimiento solo será genuino cuando se experimente.

El verdadero conocimiento al que me refiero no puede adquirirse por leer muchos libros. Hay teólogos que conocen la Biblia como la palma de su mano, pero su vida espiritual está seca. Se han memorizado las Escrituras de principio a fin, pero cuando llega el momento de aplicar este conocimiento, no tienen idea de cómo hacerlo. El problema es que han estudiado la letra de la Biblia, pero no conocen la Palabra viva. Una cosa es hablar *de* fe, y otra es vivir *por* fe. Por lo mismo, muchos saben acerca *de* Dios, pero no conocen *a* Dios.

Cuando nos falta la experiencia que complementa lo que sabemos, no somos sinceros con nosotros mismos ni con Dios. Casi todas las religiones del mundo carecen de una experiencia con su dios. Sin embargo, el cristianismo nos ofrece esa experiencia. Si usted es un hijo de Dios, lavado por la sangre de Cristo y lleno del Espíritu Santo, no debe tener miedo de tener una experiencia con Dios. El Espíritu Santo quiere tener un encuentro con usted para darle vida a su conocimiento. Él desea darle una experiencia real, aquí y ahora. ¿Quiere tener un encuentro con el conocimiento del Espíritu?

Cuando tenemos una experiencia con el conocimiento de Dios, podemos describir, enseñar e impartir con precisión y seguridad.

6. LA DIFERENCIA ENTRE LA PALABRA Y LA PRESENCIA DE DIOS

Anteriormente definimos la Palabra de Dios como *logos* y *rhéma*, y vimos también cómo la gente separa la enseñanza de la revelación, la práctica y la experiencia. Asimismo, muchos creyentes separan la Palabra de la presencia de Dios, porque no entienden que, aunque cada una cumple un rol distinto, siempre deben ir juntas. La presencia de Dios es Su gloria manifestada de forma visible, aquí y ahora; pero la Palabra siempre debe ser predicada desde una atmósfera sobrenatural de Su presencia, para que pueda ser impartida a los corazones de la gente.

La Palabra es la porción de la enseñanza que cada pastor o líder prepara para alimentar espiritualmente al pueblo de Dios. Debe ser estudiada y preparada en la intimidad con Dios. Por eso leemos en la carta de Pablo a Timoteo, *"Te encarezco delante de Dios y del Señor Jesucristo… que prediques la palabra; que instes a tiempo y fuera de tiempo; redarguye, reprende, exhorta con toda paciencia y doctrina"* (2 Timoteo 4:1–2). Mas, sin la presencia de Dios, la Palabra no es más que una recopilación de textos históricos incapaces de cambiar los corazones de Su pueblo. Si la Palabra de Dios se predica en un lugar donde no hay manifestación de Su presencia, la enseñanza será seca. Por eso vemos tantos ministerios donde no se producen milagros, donde nadie recibe a Jesús como su Salvador, donde la gente no es transformada y el crecimiento no existe. Esto ocurre porque, aunque su énfasis está en la Palabra, la presencia de Dios no está allí.

La presencia de Dios en una iglesia es la manifestación sobrenatural del Espíritu Santo. Él es quien nos muestra la existencia de Dios, más de lo que pueden hacerlo nuestra mente, emociones y sentidos naturales. Su presencia carga el poder para dar vida, transformar, sanar y proveer para las necesidades de cada miembro de la congregación. Estamos llamados a adorar a Dios en todos nuestros servicios de modo que Él se manifieste a Sí mismo y toque los corazones de la gente para recibir Su Palabra. La presencia de Dios también debería manifestarse en nuestro tiempo personal con el Padre. (Vea, por ejemplo, 2 Crónicas 7:1–2).

Cuando voy a algún lugar a predicar y percibo que la presencia de Dios no está allí, empiezo a buscarlo, adorarlo y clamar por Su presencia hasta que ésta se manifieste, porque sé que sin Él no puedo impartir efectivamente Su Palabra. Cuando Su presencia está allí, trabajo con el aspecto particular de la verdad que Él está manifestando.

Hoy, el reto es enseñar y entrenar a la gente para que sepan cómo traer la presencia de Dios a la tierra. Para que la presencia de Dios se manifieste en nosotros y entre nosotros, necesitamos responder a lo que Él quiera hacer en ese momento. El siguiente versículo nos relata un momento particular en el ministerio de Jesús cuando la presencia de Dios estaba allí: *"Aconteció un día, que él estaba enseñando, y estaban sentados los fariseos y doctores de la ley, los cuales habían venido de todas las aldeas de Galilea, y de Judea y Jerusalén; y el poder del Señor estaba con él para sanar"* (Lucas 5:17). Curiosamente, solo un milagro ocurrió allí, porque la gente no recibió el poder o la presencia de Dios en Jesús.

La presencia manifiesta es la provisión divina para el "ahora", no para "después". Cada vez que Su presencia se hace fuerte durante un servicio, ése es el momento de dejar de predicar y entregarle el control total al Espíritu Santo. El mensaje puede predicarse en cualquier otro momento, pero cuando Dios está presente, debemos darle lugar al Espíritu Santo y dejar que haga Su voluntad. Muchas veces he tenido que interrumpir mi mensaje y continuarlo en el siguiente servicio, a fin de cederle paso a Dios y dejar que Él haga lo que quiera en ese instante con Su pueblo.

Las palabras no pueden reemplazar los hechos, ni los hechos las palabras; ambos son necesarios para demostrar el poder de Dios.

7. LA DIFERENCIA ENTRE PALABRAS Y OBRAS

Al inicio del libro de Hechos, el autor habla del propósito por el cual también escribió uno de los evangelios, y dice: *"En el primer tratado, oh Teófilo, hablé acerca de todas las cosas que Jesús comenzó a hacer y a enseñar…"* (Hechos 1:1). Para Lucas estaba claro que el ministerio de Jesús consistía tanto de enseñanzas como de obras. Lamentablemente, hoy en día hemos seguido con las enseñanzas, pero hemos hecho a un lado las obras, por temor a demostrar lo que predicamos, o por orar y no ver manifestación alguna. Esto no pasó con Jesús, porque Él *"fue varón profeta, poderoso **en obra y en palabra** delante de Dios y de todo el pueblo"* (Lucas 24:19). Jesús habló de lo mismo cuando dijo: *"Creedme que yo soy en el Padre, y el Padre en mí; de otra manera, creedme por las mismas obras"* (Juan 14:11). Es decir, no basta con tener las palabras correctas; necesitamos acciones y obras concretas, que correspondan a lo que predicamos. Solo cuando la gente vea las pruebas manifestadas, muchos creerán que Jesús es el Mesías, el Hijo de Dios. (Vea Juan 20:30–31).

DEMOSTRANDO EL ESPÍRITU Y SU PODER

Para implementar lo que he venido describiendo en este capítulo, debemos saber dónde mora el poder de Dios, a fin de poder ver las manifestaciones de Su Espíritu. El poder sobrenatural está conectado tanto al conocimiento de la Palabra como a la presencia de Dios. Dondequiera que hay conocimiento revelado, hay poder para demostrar.

Demostrar es manifestar o mostrar que algo es verdad con evidencias incuestionables; es confirmar con pruebas claras las cosas de las que hablamos. La demostración no es una teoría, una corriente filosófica o palabras que se quedan en el ámbito de las ideas o del conocimiento mental. Está por encima y va más allá de la racionalidad y la inteligencia, porque Dios mismo testifica con nosotros. (Vea Hebreos 2:4). El Espíritu Santo nos da Su poder para que podamos dar pruebas incuestionables de Su existencia, del sacrificio de Jesús y del poder que Él desató en la cruz para la humanidad. Los milagros son los que hacen que la gente se acerque a Él para ser salva, sana y transformada, y así traer el reino de los cielos a la tierra.

Como ya he expresado, muchos de nosotros cometemos el error de predicar de Jesús y Su reino, sin la demostración de poder. En su primera carta a los Corintios, el Apóstol Pablo habló de la importancia de la demostración para establecer la fe de las personas en el poder de Dios:

Así que, hermanos, cuando fui a vosotros para anunciaros el testimonio de Dios, no fui con excelencia de palabras o de sabiduría. Pues me propuse no saber entre vosotros cosa alguna sino a Jesucristo, y a éste crucificado. Y estuve entre vosotros con debilidad, y mucho temor y temblor; y ni mi palabra ni mi predicación fue con palabras persuasivas de humana sabiduría, sino con demostración del Espíritu y de poder, para que vuestra fe no esté fundada en la sabiduría de los hombres, sino en el poder de Dios. (1 Corintios 2:1–5)

Aquí Pablo reconoció su falla al tratar de impresionar a la gente en Atenas, la cuna de la sabiduría en aquel tiempo, con un mensaje de sabiduría humana en lugar de caminar en el poder de la cruz. (Vea Hechos

17:16–32). Durante ese viaje, él aprendió cómo *no* se debe predicar el evangelio del Reino. Por eso, antes de ir a Corinto, se preparó para predicar "*a Jesucristo, y a éste crucificado*" (1 Corintios 2:2) y para demostrar la Palabra con el mover del Espíritu y el poder de Dios.

Las manifestaciones del poder de Dios son aquellas que pueden ser captadas por nuestros cinco sentidos. Por ejemplo, los ciegos pueden recuperar la vista, los sordos empezar a oír, los oprimidos por demonios pueden ser liberados y sentir que se rompen sus ataduras, y los que estaban confinados a una silla de ruedas por años pueden ser sanos y caminar otra vez; todo por el poder y el amor de Dios. Todas estas son demostraciones que podemos presenciar y confirmar. Cuando el poder de Dios se demuestra, vemos una evidencia tangible del Espíritu de Dios. Eso significa que tanto la persona del Espíritu Santo como Su poder sobrenatural pueden ser demostrados aquí y ahora. Esto sucede cuando nos rendimos al Espíritu Santo porque, "*a cada uno le es dada la manifestación del Espíritu para provecho*" (1 Corintios 12:7).

Una demostración es una manifestación visible, abierta a los cinco sentidos.

Acerca de este punto, tengo que repetir que Dios nunca autorizó a la iglesia a predicar el evangelio sin demostrar Su poder. "*Porque el reino de Dios no consiste en palabras, sino en poder*" (1 Corintios 4:20). Al contrario, el modelo de Dios para revelarse a Sí mismo, siempre ha estado basado en la manifestación de Su poder sobrenatural.

Confirmemos esta verdad con otras porciones de la Escritura. Cuando Moisés fue ante Faraón a pedirle que liberara al pueblo de Dios de la esclavitud, lo hizo con demostraciones del poder de Dios. (Vea, por ejemplo, Éxodo

8). Cuando José reveló el significado del sueño de Faraón, lo hizo por el poder del Espíritu. (Vea Génesis 41:16, 28, 38). Cuando Elías derrotó a los cuatrocientos cincuenta profetas de Baal lo hizo tras hacer descender fuego del cielo como muestra del poder de Dios. (1 Reyes 18:20–40). No hay nadie en la Biblia, que fuera enviado por el Señor, que no demostró su poder sobrenatural. El Espíritu y Su poder se manifestarán aquí y ahora si sabemos cómo caminar en ellos. Esto fue lo que sucedió con los discípulos personales de Jesús cuando *"saliendo, predicaron en todas partes, ayudándoles el Señor y confirmando la palabra con las señales que la seguían"* (Marcos 16:20).

> ## El poder sobrenatural de Dios está en Su palabra y en Su verdad.

LA CONDICIÓN PARA DEMOSTRAR EL ESPÍRITU Y SU PODER

Así que, debemos entender que antes que el poder de Dios venga sobre nosotros, primero está contenido en Su Palabra. Hemos visto que cuando Dios envía Su Palabra y alguien la recibe por revelación, viene respaldada por Su poder. Él ha prometido: *"Así será mi palabra que sale de mi boca; no volverá a mí vacía, sino que hará lo que yo quiero, y será prosperada en aquello para lo que la envié"* (Isaías 55:11). La Palabra funciona para todo creyente, y las señales seguirán a todo el que crea en las Escrituras y que le dé al Espíritu Santo libertad para obrar en su vida.

Todas las realidades espirituales deben ser demostradas en lo natural. Si lo que predicamos es verdaderamente revelación, ésta debe manifestarse. Tenemos que ser personas que demuestran lo que decimos y lo que creemos. Es fácil hablar de cosas que no pueden demostrarse, o que no han sido experimentadas, porque nuestra credibilidad no está en riesgo. Por ejemplo, es fácil decir una oración rápida pidiendo por la sanidad de alguien sin realmente esperar que algo pase.

Nos hemos acostumbrado a darle mucho más valor a los conceptos que a las experiencias y las demostraciones. Una de las razones que han llevado a esto, es que hay cantidad de personas que han sido engañadas con falsas experiencias, y no quieren volver a caer en lo mismo; entonces se alejan de lo sobrenatural. Lo malo es que se están perdiendo la genuina revelación sobrenatural y las demostraciones del Espíritu Santo.

LA NECESIDAD E IMPORTANCIA DE DEMOSTRAR EL ESPÍRITU Y SU PODER

Dios quiere tener un encuentro con usted y éste debe ocurrir en lo espiritual y manifestarse en lo natural. Dios no es un simple concepto o idea; Él es una persona. Cada revelación que recibimos de Su Espíritu nos lleva a un encuentro divino a través del cual podemos acercarnos más a Él y beber profundamente de Su presencia. Dios no nos da revelación solo para que podamos tener más conocimiento en la cabeza. Es para que tengamos una experiencia, un encuentro divino con Él y nos volvamos verdaderos testigos de Jesús. ¿Está listo para tener un encuentro con el Espíritu Santo? Entonces éste es el tiempo. Nuestra generación quiere ver la manifestación de Su poder para poder creer.

> **La condición para manifestar el poder sobrenatural es la revelación del conocimiento. Sin demostración, la revelación no tiene credibilidad.**

Estas son las principales razones por las que necesitamos demostrar el poder del Espíritu:

- Para mostrar que Jesucristo está vivo en el ahora. (Vea, por ejemplo, Hechos 3:11–16; 2 Corintios 4:10–11).

+ Para demostrar que Jesús nunca cambia; Él es el mismo ayer, hoy y por los siglos. (Vea Hebreos 13:8).

+ Porque el poder prueba que Jesús regresará. (Vea Hechos 1:11). Las señales sobrenaturales siempre apuntan a una realidad superior, y cada milagro, señal y maravilla que manifestamos apunta a Su segunda venida.

+ Para confirmar que la Palabra de Dios es verdadera. (Vea, por ejemplo, 2 Samuel 7:28; Juan 17:17).

+ Porque el poder prueba la integridad de Dios. (Vea, por ejemplo, Números 23:19; Marcos 16:20).

+ Porque el poder confronta y subyuga a Satanás; ésta es la evidencia de que su ocupación en la tierra ha terminado y el gobierno de Dios ha sido establecido. El reino de Dios expulsa al enemigo y su reino de tinieblas dondequiera que él busca ganar control. (Vea, por ejemplo, Lucas 10:19; 11:20; 1 Juan 3:8).

Sí, usted puede ser engañado por una falsa experiencia; pero si no tiene experiencia alguna, ¡ya está viviendo engañado!

Una demostración de poder nos hace testigos creíbles del evangelio del reino. Tenemos que demostrar lo que predicamos si queremos que nuestro mensaje sea escuchado. Esto significa que cuando una persona no demuestra lo que predica, su mensaje no es creíble. Cuando un abogado presenta un testigo para testificar en la corte, lo primero que hace es asegurarse que esa persona haya visto, oído o tenido una experiencia de primera mano con aquello que está testificando. Cuanto más directo y personal sea su testimonio, más creíble y más fuerte será su fundamento de verdad. Por eso, si usted nunca ha experimentado el poder de Dios, no es un testigo creíble de lo que predica; o simplemente repite lo que ha oído decir a otras personas. La realidad espiritual debe ser vista en lo natural; de lo contrario, las personas siempre creerán en algo más que no es el verdadero evangelio.

Más y más personas en el pueblo de Dios está demandando que cada predicador, pastor y líder demuestre lo que enseña. Desafortunadamente, hemos reducido el mensaje del reino de Dios a hablar solamente del perdón de pecados, aun cuando las buenas nuevas de salvación incluyen todo el plan perfecto de Dios para la humanidad y el señorío de Cristo. Jesús dijo, *"Arrepentíos, y creed en el evangelio"* (Marcos 1:15). Esto quiere decir que el arrepentimiento de pecados es la primera parte, pero inmediatamente después nos manda a creer en el evangelio. Pero, ¿en qué evangelio? El evangelio *del reino.* (Vea, por ejemplo, Mateo 4:23; Lucas 8:1). Las buenas nuevas del Reino van más allá de la salvación del alma e incluye la demostración de poder a través de sanidades, liberaciones, bendiciones financieras y rompimientos en cada área de vida. Esto trae redención completa para cada hijo e hija de Dios, y nos encamina al propósito original de Dios.

EL RIESGO DE DEMOSTRAR EL ESPÍRITU Y SU PODER

No podemos esperar que Dios nos muestre Su poder por casualidad. Por el contrario, es nuestra obligación crear las condiciones para que Su presencia y poder fluyan. En nuestro ministerio, hemos creado un ambiente seguro para que la gente aprenda a demostrar el poder de Dios. Allí, ellos pueden cometer errores mientras avanzan en el proceso de desarrollar sus sentidos espirituales, estableciendo una relación íntima con Dios y caminando en el poder del Espíritu Santo. A menudo tengo que corregirlos, pero nunca los humillo públicamente o maltrato a la gente. Mi deseo es que todos aprendan a moverse con denuedo en la dimensión del Espíritu para que el Señor los pueda usar en milagros y sanidades. Si los regañara cada vez que cometen un pequeño error, nunca se sentirían seguros y eso frenaría su desarrollo. Tengo la responsabilidad de entrenarlos y equiparlos para que crezcan en su liderazgo espiritual.

La única forma de llegar a una dimensión más alta es aprendiendo de sus errores.

A través de ese entrenamiento espiritual, cientos de líderes han sido enviados de nuestra iglesia. Un sinnúmero de hombres y mujeres han aprendido a oír la voz de Dios y obedecerle; son gente que fluye en el mismo espíritu conmigo y me ayuda a ministrar, sin contristar ni apagar al Espíritu Santo. Muchos de ellos han sido enviados a levantar iglesias, tanto en Estados Unidos como en otros lugares del mundo. Otros permanecen en Miami, ayudándome a entrenar las nuevas generaciones de líderes que Dios usará para Sus propósitos.

La iglesia de Cristo necesita hoy más "Pedros"; ¡gente que se atreva a salir del bote por fe!

Entonces le respondió Pedro, y dijo: Señor, si eres tú, manda que yo vaya a ti sobre las aguas. Y él dijo: Ven. Y descendiendo Pedro de la barca, andaba sobre las aguas para ir a Jesús. Pero al ver el fuerte viento, tuvo miedo; y comenzando a hundirse, dio voces, diciendo: ¡Señor, sálvame! Al momento Jesús, extendiendo la mano, asió de él, y le dijo: ¡Hombre de poca fe! ¿Por qué dudaste? (Mateo 14:28–31)

La mayoría de la gente que lee estos versículos únicamente recuerda la parte en la que Pedro se hundió. Ellos ignoran el hecho de que él fue el único que se atrevió a salir del bote, mientras el resto se quedó paralizado por el miedo. Él se desafió a sí mismo y a su fe para ir a otro nivel en su progreso espiritual, y nosotros deberíamos atrevernos a hacer lo mismo, caminando en las cosas que Dios tiene para nosotros. ¡Corra riesgos! Si Dios le dice que ore por una persona enferma, ¡hágalo! Si Él le dice que expulse demonios, ¡hágalo! A veces evitamos correr riesgos, porque no queremos poner nuestra reputación en juego, pero necesitamos aprender a confiar en Dios.

El poder de Dios no se activa por casualidad, sino con propósito.

Mientras escribo este libro, siento nuevamente la necesidad de llevar a la gente a tener un encuentro y una experiencia con el Dios viviente, y no sólo enseñarles un buen mensaje. Creo que hemos reducido el Evangelio a simples enseñanzas positivas, quitándole su poder. Pero también creo que es tiempo de empezar a demostrar la verdad de estas enseñanzas y darle al mundo una experiencia con el Padre. ¡Me rehúso a conformarme! Quiero ir más allá de simplemente predicar, para darle a la gente demostraciones visibles del poder de Dios, para sanar y liberar como Jesús lo hizo.

Otra vez, es más fácil hacer oraciones amigables sin esperar que nada ocurra, que asumir el riesgo de orar para que algo sobrenatural suceda. Pero ¿cómo podemos decir que amamos a nuestro prójimo, sin hacer nada por sus necesidades?

En esto hemos conocido el amor, en que él puso su vida por nosotros; también nosotros debemos poner nuestras vidas por los hermanos. Pero el que tiene bienes de este mundo y ve a su hermano tener necesidad, y cierra contra él su corazón, ¿cómo mora el amor de Dios en él? (1 Juan 3:16–17)

La fe que viene de Dios no deja lugar a duda. Esa fe simplemente es, porque Dios es. ¿Está usted caminando en fe y asumiendo riesgos? Si no, entonces usted necesita recibir el denuedo de Dios. Atrévase a ser audaz y valiente; esté dispuesto a hacer el ridículo y visualice lo imposible. A lo largo de Su ministerio, Jesús corrió grandes riesgos, como la ocasión en que demostró el evangelio del Reino sanando a un hombre paralítico por medio del perdón de sus pecados: *"Pues para que sepáis que el Hijo del Hombre tiene potestad en la tierra para perdonar pecados (dijo entonces al paralítico): Levántate, toma tu cama, y vete a tu casa"* (Mateo 9:6).

Caminar en fe es un riesgo, pero caminar con Dios nunca será un riesgo.

Con este milagro, Jesús reveló que Él era el "Hijo del hombre", el Mesías. Básicamente Él le dijo al hombre paralitico, "Yo soy el Mesías y tengo poder, así que agarra tu cama y camina". Si ese hombre no se hubiera levantado, Jesús hubiera estado en problemas. Sin embargo, Su fe era absoluta, y Él estaba dispuesto a arriesgarlo todo, empezando por Su identidad y reputación. Tenía plena seguridad de quién Él era, y del respaldo y poder que Su Padre le daba.

Y usted, ¿está dispuesto a poner su reputación en juego? ¿Está cansado de mensajes sin demostración? ¿Está aburrido de tanta teoría sin práctica? ¿Le molesta escuchar la Palabra sin la presencia de Dios? ¿Cree usted que la Biblia no es un libro de historias sino uno cuyas verdades puede experimentar? ¿Está dispuesto a salir del bote y caminar sobre las aguas? ¿Está listo para orar por los enfermos y echar fuera demonios? Recuerde que el poder de Dios está basado en la verdad, y funciona para todos quienes caminan en esa verdad. Milagros, señales y maravillas deberían seguir a cada creyente, no por su fama o personalidad sino porque la verdad mora en ellos.

Miles de personas de diversas partes del mundo asisten a mis reuniones y Encuentros Sobrenaturales, para ser cambiadas y transformadas para siempre, por el poder de Dios. Usted también puede serlo. El Espíritu de Dios está esperando que usted se rinda a Él y le dé lugar para operar en su vida. Él está esperando que usted diga: "Sí, Espíritu Santo, úsame como un vaso para sanar a los enfermos y echar fuera demonios, empezando con mi familia y conmigo mismo". Hay muchas personas que no aceptan al Señor, porque aún están esperando ver Su presencia manifestada. Como hijos de Dios, le debemos a la gente una experiencia con el Padre. Repito, no se trata solo de la letra de la Palabra. ¡Necesitamos Su poder! Oro que el Espíritu Santo le traiga revelación, de manera que usted pueda caminar en lo sobrenatural de Dios.

Nuestro Dios es un Dios de poder y necesitamos demostrarlo hoy.

Personalmente puedo compartir muchos testimonios de las ocasiones donde he tenido que asumir grandes riesgos para demostrar el poder de Dios. Por ejemplo, hace algunos años fui invitado a un desayuno presidencial en Washington, DC, y me sentaron al lado de un alto funcionario del gobierno. Noté que tenía puesto un dispositivo para oír y le pregunté si podía orar por él. Hice eso frente a mucha gente, incluido George W. Bush, quien era Presidente de los Estados Unidos en ese tiempo. Me arriesgué, pero Dios me respaldó y el oído del hombre fue sano.

En otra ocasión, estaba predicando en una conferencia en Ucrania y anuncié que manifestaría los cinco milagros del Reino: los ciegos verían, los sordos oirían, los mudos hablarían, los cojos caminarían y los demonios serían expulsados. Así que llamé al altar a todos aquellos que necesitaban ser sanados y liberados, oré por muchas personas y demostré el poder de Dios delante de todos. Al ver esos milagros, muchos vinieron a los pies de Cristo, porque cuando el poder de Dios se demuestra a través de obras sobrenaturales, la gente cree.

Hoy, muchos predicadores oran por la gente, pero no piden testimonios, porque tienen miedo de que nadie responda. No profetizan ni dan palabra de ciencia por temor a que nada pase y eso arruine su reputación. ¿Sabe cuántas veces he orado y nada ha pasado? ¡Ya perdí la cuenta! Otras veces, he orado y solo una persona se ha sanado. Pero he perseverado. Yo creo que la palabra de Dios es la verdad, y mi motivo para demostrar el poder del Espíritu Santo no es ser famoso, sino para exaltar el nombre de Jesús. Lo animo hoy a dar un salto de fe. ¡Sea valiente y demuestre el poder de Dios!

> **Es fácil hablar de algo que no hemos experimentado cuando nuestra credibilidad no está en riesgo.**

En cierta oportunidad, mi hijo Bryan, al regresar de un viaje se puso de pie en el avión y comenzó a predicar el evangelio y a orar por los pasajeros. Corrió el riesgo, sin importarle lo que pensaran de él. Ésta es la generación que Dios está levantando; así que sea audaz y corra riesgos por Él. Usted tiene que morir a sí mismo y creer que cuando camine en fe, Dios manifestará Su Espíritu; lo manifestará a usted y a través de usted. Si no lo hace, entonces usted necesita seguir muriendo a sí mismo y seguir creyendo hasta que algo suceda. Cuando Dios vea que usted ha muerto a usted mismo, comenzará a hacer grandes cosas a través de usted. ¿Está dispuesto a demostrar el Espíritu? Éste es el tiempo y ¡ésta es la generación que espera una gran demostración de poder!

> No podemos reclamar una realidad
> espiritual sin mostrar su evidencia
> en lo natural; por eso necesitamos
> demostrar lo que decimos y creemos.

ACTIVACIÓN

Ore conmigo en fe:

Amado Espíritu de Dios, hoy he recibido Tu palabra y siento que me estás llamando a un nuevo nivel de intimidad en mi caminar contigo. Necesito que abras mi entendimiento para poder conocer la diferencia entre el *logos* y la *rhéma*, entre la Palabra escrita y Tu palabra hablada para hoy, entre la Palabra y las obras, entre la teoría y la práctica, entre la revelación y la manifestación, y entre el conocimiento y la experiencia. Ayúdame a conocer Tu palabra y Tu presencia, y cómo se complementan la una con la otra.

Espíritu Santo, necesito ser activado en Ti, para demostrar Tu poder a esta generación que ama el conocimiento, pero rechaza una experiencia sobrenatural con un Dios sobrenatural. Padre, yo soy Tu hijo y quiero demostrar Tu poder mientras voy por la vida, ya sea en la escuela, en el trabajo, de vacaciones o en cualquier otro lugar. Confirma Tu palabra, Tu verdad y Tu revelación con milagros, señales y maravillas. Señor, ayúdame a darle a este mundo una experiencia contigo. Espíritu Santo, impárteme Tu osadía y sácame de mi zona de comodidad para atreverme a correr riesgos, para orar por los enfermos, profetizar, echar fuera demonios y moverme en Tus dones. Sé que me respaldarás con

Tu palabra y Tu verdad. Si cometo errores en el proceso, sé que eres fiel para perdonarme y darme gracia para seguir arriesgando mi reputación, siempre y cuando Tu poder siga siendo manifestado aquí y ahora. Amén.

CÓMO SER CONTINUAMENTE LLENOS CON EL ESPÍRITU SANTO

Nosotros, los hombres y mujeres del siglo veintiuno, estamos viviendo tiempos muy difíciles. El crimen y la violencia impactan todo a nuestro alrededor, y con frecuencia experimentamos desastres naturales como terremotos, sequías, inundaciones, incendios, tornados y más. A nivel humano, vemos nuevas enfermedades, adicciones, desórdenes emocionales y rupturas familiares. En el plano social, vemos crisis en la economía, el gobierno y los negocios, junto a los efectos que produce la pugna de teorías y paradigmas como el postmodernismo, el cual cuestiona los valores fundamentales. Hoy en día, mucha gente se niega a aceptar el hecho de que existen verdades absolutas, porque han sido engañados por variadas agendas políticas y sociales.

En medio de este panorama, los cristianos más que nunca necesitamos estar llenos del Espíritu Santo. Ésta es la única manera de vencer el pecado y la maldad en un mundo que está en crisis. Es la única arma que tenemos para vencer las tentaciones, nuestra carne y al enemigo; de cualquier otra manera sería imposible.

¿QUÉ SIGNIFICA SER LLENO CON EL ESPÍRITU SANTO?

Hoy en día, muchas iglesias enseñan una teología que hace énfasis en las lenguas espirituales, pero niegan el poder de Dios. Yo hablo lenguas; y en nuestra iglesia todos los creyentes reciben el bautismo con el Espíritu Santo con la evidencia de hablar en otras lenguas (vea Hechos 2:4). Sin embargo, sabemos que el deseo de Dios no es solo que hablemos lenguas, sino que manifestemos el poder del Espíritu Santo. Las lenguas son solo una indicación de que el Espíritu de Dios ha venido a nuestras vidas, de manera que podamos testificar con poder acerca del Cristo resucitado. Jesús dijo: *"Pero recibiréis poder, cuando haya venido sobre vosotros el Espíritu Santo, y me seréis testigos en Jerusalén, en toda Judea, en Samaria, y hasta lo último de la tierra"* (Hechos 1:8).

Ciertos grupos cristianos han creado una teología particular a partir de este versículo, diciendo que la llenura del Espíritu Santo sucede sólo una vez, y basta. Sin embargo, es interesante ver que en el segundo capítulo del libro de los Hechos, los apóstoles primero *"fueron todos llenos del Espíritu Santo, y comenzaron a hablar en otras lenguas, según el Espíritu les daba que hablasen"* (Hechos 2:4). Después, en el capítulo 4, vemos que *"cuando hubieron orado, el lugar en que estaban congregados tembló; y todos fueron llenos del Espíritu Santo, y hablaban con denuedo la palabra de Dios"* (Hechos 4:31). Ellos fueron llenos con el Espíritu Santo una y otra vez. Esto muestra la necesidad de ser continuamente llenos del Espíritu para cumplir con lo que Dios nos ha llamado a hacer.

Es cierto que hay un solo bautismo en el Espíritu Santo, porque ésta es una experiencia única. Sin embargo, cabe preguntarnos, ¿cuánto dura esa llenura inicial? Si los discípulos ya habían recibido el bautismo y habían sido llenos, ¿por qué tuvieron que ser llenos nuevamente? La respuesta es sencilla: Porque no hay llenura espiritual que dure para siempre —por lo menos en la tierra—; ésta es una experiencia que debe repetirse con regularidad. Continuamente necesitamos ser llenos, porque Dios quiere seguir haciendo Su obra a través de nosotros. Por eso en Hechos 13:52 leemos que *los discípulos estaban continuamente llenos de gozo y del Espíritu Santo* (LBLA).

> ## El bautismo con el Espíritu Santo ocurre una vez, pero la llenura debe repetirse tantas veces como la necesitemos.

Usted no puede vencer ni ser relevante en el mundo de hoy con la unción de ayer. La fe de ayer no le sirve para hoy. Esto quiere decir que su espíritu siempre debe estar saturado con la presencia de Dios y permanecer en la atmósfera de lo sobrenatural. Porque de ahí fluye la presencia manifiesta del Padre, y es allí donde el Espíritu Santo se mueve con libertad y poder. Así, usted siempre estará listo para ejercer el poder de Dios, el cual primeramente recibimos cuando fuimos bautizados con el Espíritu Santo.

Después que Jesús ascendió al cielo, Pedro y Juan fueron a orar al templo y se encontraron con un hombre paralítico de nacimiento, pidiendo limosna en la entrada. El hombre les pidió una limosna, entonces *"Pedro dijo: No tengo plata ni oro, pero lo que tengo te doy; en el nombre de Jesucristo de Nazaret, levántate y anda. Y tomándole por la mano derecha le levantó; y al momento se le afirmaron los pies y tobillos"* (Hechos 3:6–7). Aquí vemos que Pedro estaba en un estado sobrenatural y usó el poder de Dios, acumulado en él, para sanar al hombre; no tuvo que luchar para producir el milagro. Así debería ser cada creyente, ¡sobrenaturalizado! Si cada uno caminara una vida continuamente llena del Espíritu Santo, los milagros ocurrirían de manera continua.

> ## El problema no es que los creyentes sean llenos del Espíritu Santo, sino que se mantengan llenos.

La mayoría de pastores ministran a la gente en áreas donde esas personas están más vacías del Espíritu Santo. Tienen que orar por ellos una y otra vez porque, en cualquier área que no estemos llenos del Espíritu, no somos libres. Si usted está lleno del Espíritu Santo, no hay lugar para nada negativo o dañino. Pero donde el desbordar del Espíritu se agota y no es lleno de nuevo, el enemigo y el hombre viejo —la carne y el "yo"— comienzan a ocupar los lugares vacíos. Su caminar con Dios se vuelve religioso; fácilmente regresa a la letra de la Palabra, de la ley y de la fe. Pierde el Espíritu de la Palabra y su fe se vuelve mecánica. Puede que hable en lenguas, pero será como un "címbalo que retiñe" (vea 1 Corintios 13:1). Se convertirá en alguien que simplemente repite las mismas lenguas porque las ha memorizado. Danza y salta porque conoce los pasos, pero carece de poder porque el Espíritu Santo no está ahí.

¿Cómo puede alguien ser lleno del Espíritu Santo y tener espacio para algo más? Si hay algo más, necesitamos saber cómo llegó allí. No debe haber lugar en nosotros para malos pensamientos, dudas, confusión o incredulidad. No debemos estar llenos de nosotros mismos, de nuestra carne, de rencor ni de sentimientos que no provienen de Dios. Si estamos llenos de amor al dinero, lujuria, orgullo o conocimiento, no estamos llenos del Espíritu Santo, y le damos lugar a lo natural.

DIFERENCIA ENTRE BAUTISMO CON EL ESPÍRITU Y ESTAR LLENO DEL ESPÍRITU

Veamos más a fondo lo que significa ser bautizado con el Espíritu en comparación con lo que significa estar lleno del Espíritu. Ser bautizado con el Espíritu Santo significa ser saturado o completamente sumergido en el poder milagroso de Dios. Cuando alguien es bautizado en el Espíritu, no quiere decir que ese individuo tiene mucho de Dios, sino que Dios tiene a esa persona sumergida en el río de Su Espíritu. Esto significa que en el bautismo no hay limitación.

En cambio, ser "lleno" se refiere a estar a máxima capacidad. De ahí que, estar lleno del Espíritu Santo significa contener la máxima medida de Dios que sea posible. Nosotros somos vasos de Dios; y nuestro propósito es contener la presencia de Dios en nuestro interior y en el proceso ser transformados para siempre. Es tener a Dios en nosotros, más que Dios teniéndonos a nosotros. Por eso hay un límite para la llenura o medida de Dios que podemos contener, y eso también explica por qué esa medida puede disminuir.

> ## Aquello a lo que no está muerto, expondrá las áreas dónde usted no está lleno de Dios.

Le daré un ejemplo: Cuando usted llena el tanque de gasolina de su automóvil, es porque usted piensa usarlo, y a medida que conduce de un lugar a otro, usted sabe que esa gasolina se consumirá. Cuando nota que le queda poco combustible en el tanque, para en una gasolinera y echa más. El tanque de gasolina tiene un límite de almacenamiento, y sin importar cuantas veces usted lo llene, definitivamente tendrá que llenarlo una vez más. Asimismo, el Espíritu Santo nos llena con cierta medida de la presencia de Dios y nos da poder sobrenatural para operar con la misma unción y revelación que el Padre, para hacer las obras que Jesús hizo. Deberíamos saber que esa unción va a usarse y entender que necesitaremos llenarnos de nuevo una vez que la hayamos usado.

En el pasado hubo movimientos del Espíritu en los que las personas no entendieron la diferencia entre ser llenos y ser bautizados. No obstante, necesitamos los dos tipos de experiencias porque, aunque seamos bautizados con el Espíritu Santo y hayamos sido sumergidos bajo Su poder milagroso, necesitamos seguir siendo continuamente llenos con el Espíritu Santo a lo largo de nuestra vida. Esa llenura depende de la relación permanente que debemos mantener con Dios, a fin de ir en pos de Él y de Su Espíritu.

Cuando comenzamos a caminar con Cristo, podemos de ser llenos del Espíritu, aun sin haber sido bautizados con Él. De hecho, yo creo que la iglesia de hoy se ha estancado por concentrarse en la llenura, mientras permanecen ignorantes del bautismo. ¿Qué piensa usted al respecto? ¿Ha sido bautizado con el Espíritu? ¿Ha sido lleno de Él? Muchos cristianos conocen al Espíritu Santo y han sido llenos con Él, aunque no han sido bautizados. El Nuevo Testamento habla de haber sido salvo, bautizado y lleno. Los apóstoles entendieron estas tres etapas.

En Lucas 24:49, justo antes de Su ascensión, Jesús les dijo a Sus discípulos que esperaran en Jerusalén la promesa del Padre de enviarles *"poder de lo alto"*. Sin embargo, antes de esto, Él reunió a Sus discípulos y *"sopló, y les dijo: Recibid el Espíritu Santo"* (Juan 20:22). Ese fue el primer soplo del Espíritu, por el cual ellos fueron salvos y nacieron de nuevo. Solo después que los discípulos vieron y creyeron que Jesús había resucitado de entre los muertos, Él sopló el Espíritu en ellos. Esto quiere decir que usted no es salvo hasta que acepta la muerte y resurrección de Jesús, y recibe perdón por sus pecados. Segundo, vemos en el libro de Hechos que los discípulos de Jesús también fueron bautizados con el fuego del Espíritu Santo; es decir que fueron investidos con poder de lo alto (vea Hechos 2). Y tercero, como ya hemos indicado, nuevamente fueron llenos con el Espíritu.

POR QUÉ NECESITAMOS SER CONTINUAMENTE LLENOS

Personalmente, sé que no podría haber logrado nada de lo que Dios me ha demandado, sin haber sido continuamente lleno de Su Espíritu. Por eso tengo que buscar a Dios incesantemente. Si pasa tiempo sin que reciba algo nuevo de Él, siento una terrible necesidad. Esa necesidad es real para todos los que no han sido nuevamente llenos del Espíritu.

En Hechos 3:6, Pedro le dice al paralítico: *"Lo que **tengo** te doy"*. Él estaba lleno con el Espíritu Santo, por medio de quien él ministraba. La razón por la que la gente a menudo necesita liberación y consejería, es porque están vacíos del Espíritu Santo. Pablo le aconsejó a los Efesios: *"No se embriaguen con vino, en lo cual hay perversión (corrupción, estupidez), más bien sean llenos con el Espíritu [Santo] y sean guiados constantemente por Él"* (Efesios 5:18 AMP).

La falta de llenura del Espíritu Santo produce en nosotros…

+ *Improductividad.* Cuando no estamos llenos del Espíritu Santo nos volvemos improductivos para el Reino, porque nos falta el poder para manifestar lo que predicamos. Podemos hablar y enseñar, pero no hay demostración.

+ *Goteo espiritual.* Cuando somos incapaces de soltar alguna ofensa o seguimos guardando falta de perdón en nuestro corazón, rápidamente perdemos la llenura. Es como si hubiera un hueco en el fondo de nuestro depósito espiritual. Entonces la unción del Espíritu "gota a gota" se escapa, hasta que perdemos el poder de Su presencia.

+ *Continua guerra espiritual.* Cuando no estamos llenos del Espíritu Santo, el enemigo usa las partes vacías en nosotros —en áreas tales como nuestras finanzas, salud y familia—, para atacarnos. Como resultado, nos encontramos en constante guerra espiritual, luchando contra principados y potestades, siendo tentados y peleando contra la carne, en vez de vivir en la victoria que se supone que debemos tener. Luchamos en nuestras propias fuerzas, sin el poder sobrenatural que nos lleva a vencer a pesar de las circunstancias.

+ *Naturalización.* Ninguna persona por sí sola puede vencer al diablo ni las circunstancias imposibles que llegan a su vida; para eso necesita un poder mayor que él o ella. Cuando perdemos la llenura del

Espíritu Santo, caminamos en lo natural y no podemos manifestar el ámbito sobrenatural del Espíritu.

+ *Pérdida de lo que no se usa.* La llenura del Espíritu Santo es como el maná que alimentaba a Israel diariamente en el desierto. Recuerde que el maná de un día no servía para el día siguiente (con la única excepción del Sabbat). Lo que no se comía se perdía. De la misma forma, la parte de la llenura del Espíritu que no usamos, se perderá.

+ *Un retorno al pecado y al mundo.* Como hemos visto, cuando no somos llenos del Espíritu, la vieja naturaleza empieza a levantarse otra vez y comienza a llenar los espacios vacíos en nuestra mente, emociones y voluntad. Poco a poco nuestro carácter empieza a retroceder, y volvemos a lo que antes llenaba nuestra vida. El pecado ya no nos parece tan terrible y corremos peligro de retornar a la vida mundana.

Para vencer todo esto debemos pasar tiempo con el Espíritu Santo, hasta que nuestra copa sea nuevamente llena de Su presencia.

Mientras sirvamos a Dios, siempre tendremos la necesidad de ser llenos y permanecer llenos de Él.

Las razones principales por las que siempre debemos ser llenos del Espíritu pueden ser resumidas en dos. Debido a ellas, deberíamos buscar a Dios en todo momento.

La primera razón es, para que vivamos en un estado sobrenatural constante, saturados y energizados por el poder de Dios. Ser llenos del Espíritu es el estado de aquellos que manifiestan el reino de los cielos en la tierra, que nos lleva a ser mejores testigos de Cristo. Cuando las personas ven el fruto del Espíritu en nosotros —amor, gozo, paz, paciencia, benignidad, bondad, fe, mansedumbre y templanza—, saben que hay algo diferente en nuestras vidas (vea Gálatas 5:22–23). Ellos perciben que vivimos en victoria, aun en un mundo que a diario lucha contra la derrota y el desánimo, y esto les hace desear lo que nosotros tenemos.

La segunda razón es, para demostrar el poder de Dios dondequiera que vamos. Si usted no está lleno del Espíritu, no sentirá la necesidad de otros, ni su corazón se moverá en compasión para ayudarles. Por el contrario, usted estará más interesado en satisfacer su carne o los caprichos de su vieja naturaleza. Estar llenos del Espíritu nos da la compasión de Jesús y nos capacita para demostrar el poder de Dios. Cuando oramos por los enfermos y echamos fuera demonios, usamos el poder que inicialmente recibimos cuando fuimos bautizados en el Espíritu Santo y fuego, aunque también damos de lo que el Espíritu ha derramado en nosotros, porque operamos desde esa llenura.

Puedo darle muchos ejemplos de cómo Dios ha demostrado Su poder a través de mí cuando he orado por personas dentro y fuera de la iglesia; en estacionamientos, aviones, restaurantes y muchos otros lugares. Dondequiera que exista una necesidad, estoy listo para orar y manifestar el poder de Dios. Muchas personas se han sanado y liberado al instante, porque continuamente soy lleno del Espíritu y puedo desatar el poder de Dios donde quiera que voy. Lo mismo le sucederá a cualquier creyente que permanezca lleno del Espíritu y sepa operar el poder que carga.

Durante el más reciente Encuentro Sobrenatural que realicé en la capital de México, Dios me dijo que los cielos estaban abiertos y que Su Espíritu se movería con poder y milagros. Más de veinte mil personas estaban reunidas ese día en la Arena Ciudad de México, y en medio de esa atmósfera sobrenatural más de una docena de personas que habían llegado en sillas de ruedas, caminaron hacia el altar a dar su testimonio de lo que Dios había hecho. Entre ellos estaba un hombre llamado Sabino, quien compartió este poderoso testimonio de sanidad:

"Por cuarenta años sufrí de artritis séptica, choque séptico y sepsis (una enfermedad que resulta de una respuesta inflamatoria grave a las bacterias). Hace casi seis meses los pronósticos médicos me habían dejado sin esperanza. Me hicieron seis cirugías y después de cada operación los doctores les decían a mis padres que me estaba muriendo, que sólo me quedaban unos pocos minutos de vida. Cada vez, mi papá iba a la capilla del hospital y oraba. Mi mamá caminaba alrededor del quirófano, peleando contra el espíritu de muerte, declarando vida en mí. Yo salía vivo, pero seguía enfermo. Esto pasaba en cada una de las operaciones, hasta que hace cuatro meses, cuando fui sometido a terapia intensiva, los médicos les dijeron a mis padres que recomendaban la eutanasia, para que al menos pudiera tener una muerte sin dolor. Una vez más, mi papá y mi mamá entraron en guerra espiritual, y salí vivo del hospital, pero no podía moverme. Mis padres tenían que darme de comer, y ayudarme a ir al baño.

"Fueron mis padres quienes me trajeron desde la ciudad de Puebla al Distrito Federal (una hora y media de camino) al Encuentro Sobrenatural. Yo estaba en una silla de ruedas, pero cuando oraron por mí, sentí un fuerte calor recorriendo todo mi cuerpo. Todavía no sé cómo me levanté de mi silla de ruedas, pero recuerdo que dije: 'No me voy a sentar otra vez. ¡Voy a empujar mi propia silla de ruedas!' Así que empecé a caminar solo, empujando la silla de ruedas hasta el altar para dar mi testimonio. ¡Y a medida que caminaba hacia la plataforma Dios me sanó!"

Este es otro testimonio de ese Encuentro Sobrenatural que dejó una fuerte impresión en mí. Víctor, un periodista mexicano profundamente involucrado en la brujería, tomó la decisión de dejar de criticar el mover de Dios y rendirse ante Su poder sobrenatural.

"Hace un tiempo vi al Apóstol Maldonado predicando en la televisión y pensé que estaba loco. Así que, cuando me enteré que vendría a México pedí que me enviaran a cubrir el evento. Solicité un pase con "Acceso Total" a cualquier área del evento, porque quería demostrar que el Encuentro Sobrenatural México no era más que un show, que el Apóstol Maldonado era un mentiroso y que los testimonios que presentaba eran falsos. Sin embargo, mientras el Apóstol predicaba, Dios me sanó de Parkinson. Debido a esa enfermedad, casi no podía caminar, me daban mareos frecuentes, no podía dormir y me resultaba difícil ir al baño. ¡No tenía paz! Los médicos me dijeron que estaría bajo tratamiento por el resto de mi vida. Desesperado y sin Dios, caí en la brujería, la santería, el vudú y el ocultismo. Gasté mucho dinero viajando a Miami, Cuba, Haití y tantos otros lugares, buscando sanidad. Pero en la noche del Encuentro, el Espíritu de Dios vino sobre mí, me sanó de toda enfermedad y me liberó de la brujería. Ese día entendí que, a pesar de mis títulos universitarios, seguía siendo un ignorante. ¡Dios es Único y Todopoderoso!"

El mismo día, escuché el testimonio de Ana Silvia, quien durante ocho años había sufrido de neuralgia del trigémino, una enfermedad que hace que los nervios se inflamen, afecta los ojos y el cuello y produce un dolor intenso. Aunque a veces el dolor se debe a la inflamación en ciertas áreas del cerebro, en la mayoría de los casos no se puede identificar una causa. Esto fue lo que ella nos compartió:

"Nadie podía tocarme ni siquiera suavemente, porque me producía dolor extremo y sentía como ondas de electricidad por todo mi cuerpo. Los doctores me dijeron que esa enfermedad no tenía cura; solo podía ser controlada.

"Viajé de Salamanca, Guanajuato, a Ciudad de México, con la expectativa de que Dios iba a sanarme. Cuando oraron por mí, sentí un calor por todo mi cuerpo, ¡y fui completamente sana! Ahora pueden tocarme, porque ya no siento esas ondas eléctricas ni el dolor. ¡Gracias a mi Dios!"

Si usted recibe la revelación de este libro y busca la llenura continua del Espíritu Santo, estará listo para demostrar el poder de Dios en cualquier momento y donde quiera que vaya. Cuando ore por un enfermo éste sanará; si ora por alguien que vive en depresión, será liberado. Usted puede vencer cada situación adversa con la que el enemigo le ataque, siempre que opere en la atmósfera de lo sobrenatural. Usted siempre avanzará el reino de Dios y lo expandirá, porque estará lleno del Espíritu de Dios.

¿CUÁLES SON LOS REQUISITOS PARA SER CONTINUAMENTE LLENOS DEL ESPÍRITU SANTO?

Quizá se esté preguntando, ¿qué tengo que hacer para ser lleno del Espíritu de Dios? O tal vez quiera saber si, ¿el Espíritu Santo derrama Su presencia solo en algunos o en todos? Y si ¿hay algún requisito? En realidad, hay ciertas condiciones para que la llenura del Espíritu Santo se convierta en parte continua de su estilo de vida, y para que el poder de Dios esté con usted donde quiera que va.

1. RECONOZCA SU CONDICIÓN ESPIRITUAL

Muchas personas fallan al tener un encuentro con el Espíritu de Dios, porque ignoran el hecho de que necesitan uno. Si alguien no reconoce esa condición de necesidad, no puede ser lleno del Espíritu. Reconocer que lo necesitamos le permite moverse con libertad en nuestra vida.

Conocer nuestra condición espiritual nos lleva a renunciar a todo lo que ocupa espacio en nuestro corazón y nuestra mente, porque ese espacio le pertenece al Espíritu Santo. Vaciarnos de nosotros mismos es acabar con toda distracción, fuerza humana, vicio, pecado, apatía y tantas otras cosas, que saturan y sofocan nuestras vidas. Estar vacíos de nosotros mismos nos lleva a clamar al Espíritu Santo, para que Él sepa que es bienvenido en nuestro interior.

En nuestro ministerio, el liderazgo y la congregación están frecuentemente expuestos a un derramar fresco del amor y la presencia del Padre. Sé que no puedo demandarles a mis líderes que operen en lo sobrenatural si sus espíritus no están llenos de Dios. Como padre espiritual, me aseguro de ministrarles esa llenura y les enseño a depender del Espíritu.

2. ESTAR HAMBRIENTOS Y SEDIENTOS DE DIOS

Jesús les hizo esta invitación a aquellos que están sedientos de Dios:

En el último y más importante día de la fiesta, Jesús se puso en pie y llamó (en alta voz): Si alguno tiene sed, ¡venga a mí y beba! El que cree en mí (que se adhiere a Mí, que confía y descansa en Mí), como dice la Escritura, de su interior correrán continuamente ríos de agua viva. Pero Él hablaba del Espíritu (Santo), que habían de recibir los que creyesen en Él (como Salvador). El Espíritu todavía no había sido dado, porque Jesús aún no había sido glorificado (levantado en gloria). (Juan 7:37–39 AMP)

Ya sea que nos demos cuenta o no, si no bebemos continuamente de las aguas de vida eterna, sufriremos de deshidratación espiritual (vea Juan 4:10). A veces, cuando tenemos abundancia en lo natural —éxito, riquezas, popularidad, belleza y demás— dejamos de tener sed de Dios. Pensamos que lo que recibimos ayer alcanza para hoy, y que la llenura que recibimos hoy alcanza para mañana. ¡No es así! Debemos buscar a Dios cada día más. Las imposibilidades que nosotros y quienes nos rodean enfrentamos constantemente, nos muestran que en todo tiempo debemos ser llenos de Su presencia.

El Señor no llenará a quien que no tenga hambre y sed de Él. El hambre y la sed por Su presencia hacen que usted vaya en pos de Dios, a fin de conocerlo y recibir más de Su presencia. Cuando deja de tener hambre y sed de Él, se vuelve irrelevante y empieza a extrañar la persona que era antes de conocer a Dios. Empieza a hacer cosas que nunca habría hecho cuando caminaba cerca de Él —como comprometer principios—, porque su deseo por lo espiritual habrá disminuido. A medida que se separa de Dios, quedará más vacío de lo que sólo el Padre puede darle.

El hambre y la sed preceden el comer y el beber.

Entonces, la condición para que Él haga cambios profundos en su corazón es el hambre y la sed. Usted debe llegar a sentir que necesita al

Espíritu Santo, y desearlo con tanta fuerza, que depende completamente de Él. El hambre hace que busque a Dios más allá de lo que es normal para usted; hace que lo busque más allá de lo que le resulta familiar, cómodo, conveniente o seguro. Si no siente esa necesidad, nadie puede forzarle a comer o beber de Él.

En lo natural, usted sabe cuándo tiene que comer o beber, porque su cuerpo le envía señales físicas. En lo espiritual, aunque es más sutil, también hay señales. Lamentablemente, a menudo las ignoramos, pensando que no necesitamos más del Espíritu Santo porque estamos llenos de cosas vanas y superficiales. Dios no puede darle más a una persona que está satisfecha con lo que tiene. Si usted está contento sólo con leer acerca de Dios y ver cómo Él usa a otras personas en milagros y profecías; si un simple mensaje dominical por semana le resulta suficiente; si está satisfecho con tener una religión y vivir en la tradición, entonces el Espíritu Santo no lo puede llenar.

Recuerde que la sed y el hambre espiritual incrementan nuestra capacidad de recibir de Dios. Cuando alguien tiene hambre y sed, come y bebe con desesperación, como si nada fuera a saciarle. Hasta que llega un momento en que se llena y no puede comer más; pero cuando le da hambre y sed otra vez, deseará llenarse nuevamente. ¿Cómo sabemos que alguien está hambriento y sediento por la presencia de Dios? Porque las personas que desean más de Dios siempre están orando, ayunando, adorando, alabando, sembrando y dándole a otros.

Una persona hambrienta y sedienta buscará a Dios desesperadamente.

Creo que tenemos que buscar más de Dios, porque al final, lo que Él quiere es demostrar Su amor y poder a través de nosotros. El Espíritu

Santo quiere usarnos como vasos que Él pueda llenar hasta desbordar. Los vasos llenos del poder de Dios son los que irán, en el nombre de Jesús, a sanar enfermos y libertar a los oprimidos. Les mostraré este principio con testimonios de lo que Dios ha hecho a través de nuestro ministerio. El año pasado, durante un ayuno de cuarenta días en el que participó toda nuestra iglesia, antes de nuestra cumbre anual, conocida como Conferencia Apostólica y Profética (CAP), el Señor fue muy específico y me dijo que obraría muchos milagros creativos. Me dijo que había ordenado a los ángeles traer partes del cuerpo, nuevas, para quienes les hiciera falta algún órgano, así que activé al pueblo para recibir una ola de milagros. Los milagros creativos ocurrieron en medio de un pueblo hambriento y sediento por ver a Dios manifestarse con Poder. Los siguientes son solo unos cuantos ejemplos de lo que ocurrió.

El hambre y la sed por Dios incrementan nuestra capacidad para recibir más de Él.

Una mamá trajo en brazos a un niño de cuatro años llamado Carlos. Ella testifica que su hijo nació sin uno de sus testículos, pero cuando declaré la ola de milagros creativos, el niño empezó a llorar. Ella lo revisó y con gran alegría encontró que el testículo que le hacía falta, ahora estaba en su lugar. Con lágrimas en los ojos, la madre compartió que, antes solo podía sentir una bolsita vacía, pero ahora su hijo tiene ambos testículos. ¡Dios le creó el órgano que le faltaba a Carlitos!

El hambre por más de Dios hizo que William, un hombre de 51 años, también recibiera su milagro creativo. Él nació con una oreja enrollada, de tal manera que el lugar donde normalmente se encuentra el orificio del oído, estaba tapado. William compartió que eso lo convirtió en sordo de ese oído, de nacimiento. Sin embargo, él testificó que Dios le creó el tímpano, porque, aunque el orificio todavía está cerrado, ahora puede oír perfectamente. "Los médicos me dijeron que mi tímpano nunca se formó, ¡pero ahora estoy oyendo bien por ese oído!"

CAP atrae a líderes de todo el mundo que tienen hambre y sed de lo que sólo Dios puede ofrecerles. En nuestra más reciente conferencia, la actividad angelical y los milagros creativos comenzaron a manifestarse debido al hambre y la sed de la gente por Dios. En medio de esa atmósfera, la pastora Zennie, de Georgia, EE.UU., aseguró que hace 15 años le removieron el lado derecho de la tiroides. Sin embargo, ella testifica que cuando declaré que Dios estaba enviando ángeles con partes nuevas del cuerpo para quienes necesitaban un milagro creativo, vio las manos de un ángel acercándose a ella. "Solo cerré los ojos y levanté las manos al cielo, y sentí un calor fuerte en mi garganta. Cuando abrí mis ojos, sabía que algo había pasado y que había recibido el órgano que necesitaba. Cuando el médico me examinó, las pruebas mostraron que mi tiroides estaba allí, completa y sana". ¡La gloria es para Dios!

El hambre y la sed de Dios son señales de humildad.

La arena donde se realizó la conferencia CAP se llenó de señales de actividad angelical. Muchos recibieron aceite, polvo de oro y otras señales de la manifestación del Espíritu en sus manos y ropa. Algunos tuvieron visiones de ángeles, mientras otros fueron traspuestos de manera similar a lo que le ocurrió al Apóstol Felipe (vea Hechos 8:39–40). Yasser, un miembro de nuestra iglesia local, compartió que estaban en profunda adoración con otras cuatro personas, cuando entraron en una dimensión donde sus cuerpos eran tan ligeros como plumas. Él dijo: "Era algo que nunca había sentido en mi vida ni en mi relación con Dios. De pronto nuestro grupo se dio cuenta que estábamos al final de nuestra sección, y nos sorprendimos al ver que nuestros asientos habían quedado del otro lado. Nos miramos el uno al otro sabiendo que habíamos sido traspuestos por Dios. ¡Él nos mostró una señal de los últimos tiempos!"

> **Una de las trampas en las que con frecuencia cae el liderazgo es, pensar que ya llegaron, que lo tienen todo, solo porque alcanzaron algo de éxito.**

Rosa, otra mujer de nuestra iglesia, testificó que vio cuatro ángeles delante de ella. Uno de ellos le preguntó: "¿Qué quieres que haga por ti?" Ella respondió: "Señor, quiero mi beca para estudiar y que mis documentos de inmigración sean aprobados". Dos días después de la conferencia, ella recibió la confirmación de que su tarjeta del Seguro Social estaba en camino. Ahora declara, "¡Ya soy residente legal de este país!"

¿Está satisfecho con los avivamientos pasados? ¿Está lleno de cristianismo tradicional, donde nada sobrenatural sucede y donde no ocurren milagros porque, aunque se habla de Dios, Su poder nunca se demuestra? ¿Quiere avivamiento en su vida, en su familia y en su iglesia? ¿Está desesperado porque Dios lo use en milagros, sanidades y liberaciones? ¿Está dispuesto a pagar el precio, a soportar las críticas de la gente, a moverse en el poder de Dios, a amar al Espíritu Santo, y a manifestar lo sobrenatural? Si usted quiere más de Dios, Su palabra promete, "*Bienaventurados los que ahora tenéis hambre, porque seréis saciados*" (Lucas 6:21).

3. NEGARSE A SÍ MISMO

Ser bautizados y llenos con el Espíritu Santo requiere morir, y esa muerte es decirle no al "yo". Negarse a usted mismo significa renunciar a sus ambiciones, opiniones, comodidad y a los placeres de la carne, para dedicarse a buscar las cosas de Dios. Para algunos creyentes, significa renunciar a la creencia de que hablar en lenguas es solo un don del pasado. Como vimos antes, el bautismo de Jesús fue un acto de renunciación. Para Él, ir al Jordán representó morir a Sí mismo y rendir Su voluntad para hacer la voluntad del Padre. Para acceder al poder de Dios no existen atajos, porque éste solo viene cuando le decimos no a nuestros propios deseos. La mentalidad del mundo nos impulsa a hacer las cosas en nuestras propias fuerzas, pero cuando las hacemos a la manera de Dios, permitimos que Él nos use como una extensión de Su poder.

Usted será ungido en la misma proporción en que muera a usted mismo y se rinda al Espíritu Santo. Cuando usted muere a las cosas del mundo, deja de ser presa de la tentación. No ama más los placeres pasajeros ni es atraído por las ofertas de vana satisfacción que le lanza el enemigo. Solo cuando usted esté en ese estado, el Espíritu Santo lo llenará.

Conozca la verdadera llenura del Espíritu y llénese de Él hasta que no haya espacio para nada más.

Cristo tenía unción sin límites porque estaba completamente rendido a Dios.

SEA LLENO DIRECTAMENTE POR EL ESPÍRITU SANTO

No hay excusas para no ser bautizados con el Espíritu Santo y ser llenos de Él. En los tiempos que vivimos no basta ir a la iglesia. Los malos pensamientos y las preocupaciones de la vida pueden desaparecer momentáneamente estando bajo la cobertura y la presencia del Dios todopoderoso, durante un servicio en la iglesia. Sin embargo, ¿qué pasa cuando sale de la iglesia y regresa a casa? Empieza sentir de nuevo el vacío. Eso significa que usted depende de la atmósfera exterior, y que no ha sido lleno internamente con el Espíritu de Dios. No puede esperar vivir todo el tiempo en el templo, rodeado de una atmósfera creada por Dios y entre sus hermanos y hermanas en la fe. ¡Necesita ser lleno del Espíritu Santo! Ésta es la única manera de llenar el vacío de su espíritu y empezar a caminar en el poder de Dios, sanando enfermos y echando fuera demonios. Es el momento de decir: "Señor, quiero algo diferente. Me rehúso a aceptar el cristianismo tradicional; no quiero volver a lo mismo ni quiero estar limitado. Bautízame y lléname con tu Santo Espíritu".

ACTIVACIÓN

¿Está luchando con malos pensamientos, malos hábitos y constantes preocupaciones? Llévelos cautivos a la obediencia a Cristo y sea lleno con el Espíritu Santo. Como hemos visto, necesitamos recibir directamente del Espíritu Santo para poder ser verdaderamente llenos. Deje que su hambre y sed de salud, paz y poder, crezca y que todas esas necesidades sean satisfechas por el Espíritu de Dios. Renuncie a todo lo que el mundo le ofrece y a lo que su carne le pide. Dé lugar para que Dios sea quien lo satisfaga con Su amor, poder y gracia. Permita que lo haga sobrenatural, para que así pueda vencer el mundo y convertirse en un agente de cambio para otros.

Le invito a orar:

Padre celestial, vengo delante de Tu presencia como un creyente nacido de nuevo, que ha recibido a Cristo como su Señor y Salvador. Te doy gracias por la experiencia de la salvación, pero sé que tienes más para mí. Tú quieres bautizarme y llenarme con Tu Espíritu Santo, con la evidencia inicial de hablar en otras lenguas. Señor, perdóname si he creído en doctrinas que apagan Tus dones, lenguas, milagros y poder sobrenatural; perdóname por pensar que estas eran cosas del pasado y terminaron en la época de los apóstoles. ¡Espíritu Santo, perdóname! Padre celestial, te pido que me guíes a la verdad. Dame hambre y sed de Ti y úsame para demostrar Tu poder. Señor, lléname y bautízame como lo promete Tu palabra. Te pido que tu Espíritu repose en mí todos los días de mi vida. Sumérgeme en Tu poder y milagros. Recibo la llenura del Espíritu Santo ahora, en el nombre de Jesús.

La evidencia inicial de que usted ha sido lleno y bautizado con el Espíritu Santo son las lenguas. Recuerde que el Espíritu Santo no le *hará* hablar en otras lenguas; Él se las da, pero usted tiene que *hablarlas*. Empiece adorando a Dios en su idioma natural y a medida que lo hace, el Espíritu Santo comenzará a llenarlo con el idioma del cielo. Ahora empiece a hablar en lenguas… eso significa que está siendo bautizado con el Espíritu Santo. Desde este mismo instante, usted queda autorizado para ejercer autoridad, demostrar el poder de Dios y hacer valer la obra terminada de Cristo en la cruz. En el nombre de Jesús, lo comisiono para que sane enfermos, eche fuera demonios, liberte a los cautivos y resucite muertos donde quiera que vaya.

La siguiente es una oración para todos los creyentes que han sido bautizados con el Espíritu Santo, pero quieren un encuentro y una llenura fresca. Oren conmigo:

> Padre celestial, he estado peleando contra el enemigo, sembrando, orando por los enfermos, y predicando la Palabra, pero ha pasado un largo tiempo desde la última vez que fui lleno de Tu Espíritu. Mi espíritu ha estado goteando y hoy necesito que me llenes otra vez. Te pido en el nombre de Jesús una llenura fresca, porque necesito desesperadamente ser lleno con el Espíritu Santo.

Ahora mismo, oro para que el Espíritu Santo lo invada con una llenura fresca, para que pueda salir nuevamente a predicar la Palabra, ganar almas y sanar a los enfermos. Para que vuelva a hacer guerra contra el enemigo, la carne, las tentaciones y pueda vencer toda oposición. Ahora, sea lleno con el Espíritu Santo, desde la coronilla de su cabeza hasta la planta de sus pies. ¡Sea lleno en su mente, cuerpo y espíritu, en el nombre de Jesús! ¡Amén!

7

CÓMO SER GUIADOS POR EL ESPÍRITU SANTO

Una vez que los creyentes han sido bautizados y llenos con el Espíritu Santo, el siguiente paso en su caminar con Dios es discernir Su guía, seguir Su dirección y practicar los dones espirituales. Cuando el Espíritu de Dios tiene prioridad en nuestras vidas, Él nos cuida de caer en trampas, tentaciones, ataques y mentiras del enemigo. El Espíritu Santo nos revela la voluntad del Padre para cada momento de nuestra vida y nos lleva a manifestar Su poder en medio de cualquier adversidad. Él es quien nos da una respuesta precisa ante cada situación que se presenta en el ministerio, nos dice cuando alguien necesita un milagro, cuando una persona necesita perdonar a otra para ser libre de una dolencia o enfermedad o cuando alguien está siendo atacado por un espíritu maligno, para que podamos liberarlo.

En este capítulo describiré cómo funciona la guía del Espíritu Santo, mostraré algunas maneras prácticas de seguir Su dirección y lo activaré para que tome decisiones en Su presencia.

ENTENDIENDO LA DIRECCIÓN Y GUÍA DEL ESPÍRITU SANTO

El viaje de nuestra vida espiritual comienza con el conocimiento de nuestro destino, aunque éste no es fácil de discernir. Algunas personas no tienen ni idea de cuál es su propósito en la vida; otros saben hacia dónde van, pero no saben cómo llegar allí; y muchos van en busca de algo que está fuera de la voluntad de Dios porque no tienen la guía del Espíritu Santo.

¿Reconoce usted cuando Dios lo está dirigiendo? ¿Puede percibir Su guía? Si no tenemos la dirección del Espíritu Santo, fracasaremos en nuestro caminar con Dios. El Espíritu Santo siempre nos guiará hacia el destino que Dios ha planeado para nuestra vida. Sin Él, nunca conoceremos realmente a Jesús y Su obra terminada en la cruz, ni entraremos a un destino glorioso con Él.

No importa cuánto avancemos en determinada dirección, jamás descubriremos nuestro destino siguiendo esa ruta, si la voluntad de Dios es que vayamos en la dirección opuesta. Si no conocemos nuestro propósito, cometeremos errores ante cada encrucijada de la vida. Como resultado, nos desviaremos y vendrán las decepciones y el desánimo. Por eso es tan importante que aprendamos a reconocer la guía y dirección del Espíritu de Dios. Cualquier creyente que acepta ser guiado por Él podrá saber y entender el propósito para el cual fue llamado.

Una de las preguntas que más frecuentemente me hacen cada vez que viajo alrededor del mundo es, "¿Cómo puedo ser guiado por el Espíritu Santo?" La gente ve cómo mi vida y ministerio son guiados por el Espíritu de Dios, y la forma como Él se mueve en nuestros servicios para sanar, liberar y dar palabra de ciencia a Sus hijos e hijas. Yo busco la guía del Espíritu Santo en todas las decisiones que tomo en mi familia, el ministerio y todo lo que Dios nos pide que hagamos. Toca mi corazón cuando la gente me pregunta qué deben hacer ellos para vivir de la misma manera, y yo con gusto les revelo los principios que aplico, porque mi pasión es que todo creyente manifieste el Reino de Dios y Su poder. Los siguientes principios le ayudarán a discernir la guía del Espíritu Santo:

1. EL ESPÍRITU SANTO DIRIGE Y GUÍA, PERO NO CONTROLA

La verdadera autoridad no controla, sino que por el contrario, guía y dirige. Cuando somos guiados, caminamos voluntariamente bajo la autoridad de otro; en este caso, bajo la autoridad de Jesucristo a través del Espíritu Santo. En cambio, cuando uno es controlado por algo o alguien, quiéralo o no, éste se ve *obligado* a hacer cosas a la fuerza. Así operan los demonios. Ellos desafían la voluntad de un individuo hasta que la persona se les somete. El Espíritu Santo nunca fuerza a la gente. Él actúa en nosotros dándonos revelación, y esto nos ayuda a rendirnos para que Él pueda obrar en nosotros y a través de nosotros.

2. EL ESPÍRITU SANTO NOS GUÍA PERSONALMENTE, AUNQUE SUS PRINCIPIOS SON UNIVERSALES

Vivir conforme a los principios de Dios es vivir por lo que Él ha dicho. Los principios de Dios funcionan para cualquier persona, sean creyentes o no, porque son principios universales. Sin embargo, vivir bajo la guía del Espíritu Santo es solo para los hijos de Dios, porque involucra lo que Él está diciendo y haciendo en el ahora. Como creyentes, debemos confiar en la guía personal del Espíritu Santo. Cuando la seguimos, aceleramos los rompimientos espirituales en cada área estancada de nuestra vida, recibimos dirección para alcanzar nuestro destino, y Él nos permite completar nuestro propósito.

Para entender mejor la diferencia entre los principios de Dios y la guía de Dios, podemos decir que los principios de Dios son como un mapa que nos muestra los diferentes caminos para llegar a un destino; no obstante, nosotros debemos elegir el rumbo que queremos tomar, aun cuando no sepamos qué obstáculos puedan presentarse en el trayecto. En cambio, la guía del Espíritu Santo se asemeja a un sistema GPS, que nos va dirigiendo en la dirección que buscamos. El Espíritu nos habla y nos muestra el camino, paso a paso; nos dice dónde hay "tráfico" y los obstáculos que podemos encontrar en la ruta, antes que lleguemos a ellos, para que los evitemos o estemos prevenidos para enfrentarlos. Ya sea que estemos tratando de encontrar el camino en un desierto, o enredados en medio de problemas, la voz del Espíritu siempre nos pregunta: "¿Puedo ayudarte?" Si le respondemos "Sí", Él nos tomará de la mano y nos sacará del peligro.

No obstante, apenas nos sentimos seguros, con frecuencia hacemos a un lado la guía del Espíritu Santo y tratamos de seguir usando nuestro propio sentido de orientación. Si hacemos eso, el Espíritu Santo nos soltará porque le estamos mostrando que no lo necesitamos, y que podemos hacer las cosas en nuestras propias fuerzas. Si éste es su caso, usted tiene hoy la oportunidad de escoger, ser guiado solo por principios o permitir que la persona del Espíritu Santo sea quien lo guíe. Él es el sabio consejero que conoce su destino y lo que es mejor para usted. Él lo guiará a hacer la voluntad de Dios, a recibir Sus bendiciones, y le mostrará el plan de Dios para su vida. ¡Decida hoy ser guiado por el Espíritu Santo!

3. EL ESPÍRITU SANTO NOS MUESTRA LOS CAMINOS DE DIOS

"Sus caminos notificó a Moisés, y a los hijos de Israel sus obras" (Salmos 103:7). Conocer los *caminos* de Dios es diferente a conocer Sus *obras*. Los caminos de Dios incluyen los deseos y motivaciones de Su corazón y la manera cómo Él hace las cosas. Las obras de Dios son Sus hechos sobrenaturales y visibles. La Biblia nos dice que los hijos de Israel conocieron las obras de Dios, pero por cuarenta años desconocieron Sus caminos. Esto quiere decir que no atesoraron Su Palabra; por el contrario, la rechazaron. Muchas veces se resistieron a lo que Moisés les decía, aun cuando él era el líder puesto por Dios.

De igual manera, cuando los creyentes rechazan la Palabra y la guía del Espíritu Santo, permanecen ignorantes a los caminos de Dios.

Como resultado, no alcanzan a ver cómo las promesas de Dios se cumplen en sus vidas. Cada generación en la que el Espíritu de Dios reposa, es una que reconoce Sus caminos. Oremos para que esto pase en nuestra generación.

Hay dos formas cómo podemos conocer los caminos de Dios: por Su Palabra y por la guía del Espíritu Santo.

4. EL ESPÍRITU SANTO NOS GUÍA DESDE ADENTRO, NO DESDE AFUERA

"Y Jehová iba delante de ellos de día en una columna de nube para guiarlos por el camino, y de noche en una columna de fuego para alumbrarles, a fin de que anduviesen de día y de noche" (Éxodo 13:21). En el Antiguo Testamento, Dios guió a Israel con Su gloria visible, como una columna de nube y una columna de fuego. Sin embargo, después de la victoria de Cristo en la cruz y Su resurrección, el Espíritu Santo ha vivido en el pueblo de Dios y lo ha guiado desde su interior. *"Y si el Espíritu de aquel que levantó de los muertos a Jesús mora en vosotros, el que levantó de los muertos a Cristo Jesús vivificará también vuestros cuerpos mortales por su Espíritu que mora en vosotros"* (Romanos 8:11).

Muchos andan buscando algo visible que los guíe a creer y seguir a Dios. Quieren algo que sus ojos puedan ver y sus mentes puedan entender, pero el Espíritu Santo nos dirige internamente de varias maneras. Debido a que el Espíritu Santo vive en nosotros, debemos aprender a reconocer Su voz y las formas cómo se comunica. Su voz no viene de arriba ni es externa, sino que proviene de nuestro interior. La necesidad de oír Su voz continuamente es otra razón por la que siempre debemos estar llenos del Espíritu.

5. EL ESPÍRITU SANTO NOS GUÍA DESDE UN ÁMBITO DE INOCENCIA

Cuando digo *inocencia*, me refiero a que debemos reconocer que somos completamente ignorantes de ciertas cosas o situaciones, y que el verdadero conocimiento proviene del Espíritu Santo. La Palabra dice que *"el Espíritu nos ayuda en nuestra debilidad; pues qué hemos de pedir como conviene, no lo sabemos, pero el Espíritu mismo intercede por nosotros con gemidos indecibles"* (Romanos 8:26). Siempre le pido al Espíritu de Dios que me guíe, porque quiero saber qué está pasando en mi vida o porque quiero conocer la raíz de algo que está causando problemas. Lo hago con el fin de ayudar a la gente o para manifestar el poder de Dios. Permítanme explicar esto con algunos ejemplos.

En cierta ocasión fui invitado por mis hijos espirituales, el Apóstol Jorge Ledesma y su esposa, la Profeta Alicia, a predicar en un estadio de futbol en Argentina. El propósito de la invitación era ministrar sobre finanzas y llevar al pueblo a apoyarlos financieramente en la edificación de su nueva iglesia. Yo pensé que lo único que haría sería orar por milagros financieros.

Allí, en ese estadio de fútbol de Argentina, había alrededor de veintisiete mil personas reunidas, la atmósfera estaba lista para milagros financieros; sin embargo, en medio del servicio, el Espíritu Santo me llevó a ministrar milagros creativos. En mi mente, eso no tenía sentido y no sabía cómo hacer la transición, pero Él me guió. Entonces pude desatar el poder de Dios y muchos recibieron sanidad ese día.

El Espíritu de Dios me guió a orar así: "Padre, en el nombre de Jesús, ato todo espíritu del infierno y tomo autoridad sobre los espíritus de enfermedad que atacan a Tu pueblo. Envío Tus ángeles ahora y les ordeno: Ángeles, pongan nuevos órganos en los cuerpos de quienes los necesitan. Nuevos tímpanos, cartílagos, caderas, riñones, piel, tiroides, vértebras, dientes, huesos, rodillas, úteros y más; ¡todo es creado por la mano de Dios!" Lo único que tuve que hacer fue pronunciar ese decreto. Nadie más oró por la gente ni les impusieron manos. Sin embargo, sesenta milagros creativos fueron documentados en un lapso de quince minutos.

Uno de los testimonios que más me conmovió fue el de un joven llamado Lucas, quien llegó a la reunión faltándole la mitad del hueso del cráneo. Contó que cuando era adolescente, fue atacado a punta de pistola en su vecindario. En el altercado, fue golpeado en la cabeza y quedó inconsciente. Lo llevaron al hospital y allí permaneció en coma por cinco días debido al daño en el cráneo y el cerebro. Los doctores tuvieron que removerle parte del lóbulo parietal y el hueso occipital. Eso prácticamente lo dejó con un agujero en la cabeza, el cual le producía severos dolores de cabeza y sensibilidad a la luz del sol.

El Espíritu de Dios le había hablado a Lucas previamente, diciéndole que su milagro creativo vendría pronto. Cuando le dijeron que yo estaría en Argentina para una conferencia, él lo recibió como confirmación de parte de Dios y asistió a la reunión. El joven testifica que cuando oré por milagros creativos, sintió un fuego intenso, una especie de incisión en su cabeza y una presión insoportable. Cuando fue al altar a testificar lo que estaba sintiendo, un doctor lo revisó y comprobó que el hueso que unos minutos antes le faltaba, ¡ahora estaba allí! ¡Dios le había creado hueso donde no tenía! Las migrañas constantes y la presión en su cabeza desaparecieron. Lucas dice que meses después de haber recibido su milagro, no siente dolor y soporta la luz del sol sin problemas.

> **La guía del Espíritu es para quienes se humillan y la piden desde un ámbito de inocencia.**

En un viaje anterior que hice a Argentina, uno de los milagros más poderosos que vi fue el de una mujer llamada Alejandra, a quien le habían extirpado un seno debido al cáncer, pero Dios le creó uno nuevo. Ahora, en esta visita más reciente, Alejandra recibió otro milagro creativo. Éste es su testimonio:

"Tres años después que Dios me dio un seno nuevo, mi doctor detectó que el cáncer había regresado y había hecho metástasis en mi columna vertebral. La enfermedad se estaba comiendo dos de mis vértebras, así que me hicieron cirugía para removerlas; desde ese día tuve que empezar a usar una silla de ruedas. Como resultado, se me formó un agujero en la espalda que me causaba un dolor insoportable y me obligaba a tomar hasta diez pastillas de morfina al día. Sin embargo, me mantuve firme creyendo que el mismo Dios que me había sanado antes lo volvería a hacer. Así que, cuando oí que el Apóstol Maldonado vendría a Argentina nuevamente, oré para que Dios hiciera otro milagro creativo en mí, y eso exactamente fue lo que sucedió. En el momento que el Apóstol empezó a declarar milagros creativos, sentí un fuego en mi espalda. Grité de alegría, porque podía sentir físicamente cómo mi columna era sanada. Cuando llegué al altar a compartir mi testimonio, los médicos pudieron palpar que las dos vértebras habían crecido otra vez. ¡Dios creó dos vértebras nuevas en mi cuerpo! Hoy llevo una vida normal y me siento como si hubiera nacido de nuevo".

Todo creyente tiene el potencial de ser guiado por el Espíritu Santo, tal como lo fue Jesús.

6. LA GUÍA DEL ESPÍRITU SANTO ES SOBRENATURAL

Cuando permitimos que el Espíritu Santo nos guíe, Su poder sobrenatural se manifiesta en nuestras vidas. Si esto no pasa, significa que no estamos dejando que Él nos dirija. Personalmente, cada vez que sigo Su dirección, empiezan a manifestarse milagros, gracia sobrenatural y provisión. Por ejemplo, en ocasiones he estado ministrando en la iglesia y, de repente, el Espíritu Santo me ha guiado a orar por personas específicas, y ellas se han sanado ante mis ojos.

MANERAS CÓMO EL ESPÍRITU SANTO NOS GUÍA

Veamos ahora algunas maneras especificas cómo el Espíritu Santo nos guía:

A TRAVÉS DE NUESTRA INTUICIÓN

Intuición es la habilidad de entender algo instantáneamente, sin necesidad de un razonamiento consciente. Intuición no es lo mismo que instinto. Todos tenemos un grado de instinto, el cual se define como "una capacidad, impulso o aptitud natural o inherente". No obstante, mientras el instinto es una cualidad física que los animales también tienen, la intuición es espiritual. Cuando nacemos de nuevo, ésta forma parte de nuestro espíritu renovado.

La intuición no es algo que estudiamos para aprender; al contrario, es algo que sabemos internamente porque el Espíritu nos la revela. Si tratáramos de entender la intuición a través de la razón, ésta no tendría sustento científico ni sentido común para nosotros, porque requiere la guía del Espíritu Santo. Consideremos esta realidad en base al testimonio de una de mis hijas espirituales, la Apóstol Patty Valenzuela, de Los Ángeles, California, quien compartió lo siguiente:

"Estoy sinceramente agradecida por las enseñanzas de mi padre espiritual, el Apóstol Guillermo Maldonado, y cómo me instruye a seguir la guía del Espíritu Santo. A veces tengo el privilegio de hablar con él por teléfono antes de predicar. Aunque estamos a dos mil millas de distancia, el Espíritu Santo le ha revelado a él situaciones específicas que personas de mi congregación estaban pasando.

"Recuerdo que una vez me dijo: 'Hija, hay una pareja que tiene a su hijo en coma en el hospital; también, hay una joven que sufre de depresión, y un hombre con un disco herniado que le provoca dolores severos en su espalda'. Sin pensarlo dos veces, obedecí esas palabras de ciencia que él recibió, y en ese mismo orden las desaté durante el servicio. ¡Todas esas personas estaban allí presentes! La pareja tenía un bebé recién nacido que todavía estaba en el hospital y en coma. Después que oramos, Dios hizo el milagro y los doctores le retiraron las máquinas de respiración artificial a las que había estado conectado, porque ya no las necesitaba. La joven que el Apóstol vio estaba planeando cometer suicidio esa misma noche; a ella el Señor la liberó de depresión durante el servicio. El tercero era un camionero que llegó a la iglesia con terribles dolores de espalda causados por una hernia discal; ¡Dios lo sanó en el instante!"

De todo esto he aprendido que, si nos dejamos guiar por Dios y le obedecemos, el Espíritu Santo se moverá con poder ¡y Jesús será glorificado! Recuerdo que mientras oraba con la Apóstol Patty, supe por intuición que esos tres casos se presentarían durante el servicio. Fue un sentimiento repentino, y tal como lo recibí, así se lo di. A lo mejor en ese momento no tenía sentido, pero le hice un bypass a mi razón y seguí la intuición del Espíritu.

Cualquier creyente puede recibir intuición del Espíritu Santo porque Él vive en nuestro interior y nos revela lo que ocurre alrededor. Él nos lleva donde necesitamos ir, frecuentemente a una realidad de la que no conocemos nada, pero donde Él produce manifestaciones sobrenaturales. En este nuevo lugar hay milagros, gracia y poder que el Señor quiere desatar a través de nosotros. Para manifestarlas, Él deposita intuición en nuestro espíritu. ¿Qué debemos hacer cuando la recibimos? ¡Desatarla! Si tratamos de razonar lo que estamos sintiendo, no habrá manifestación, porque el poder está conectado a la acción, no a la lógica. Debemos actuar en fe, creyendo en la intuición del Espíritu.

La siguiente ilustración de esta verdad me sucedió cuando fui a ministrar a Noruega, un país completamente secular. En esa ocasión le pregunté al Espíritu Santo qué quería que enseñara y ministrara. Al instante vino la intuición a mi espíritu y supe que tenía que ministrar liberación. Muchos me dijeron que la gente en Noruega no estaba acostumbrada a presenciar lo sobrenatural, que son personas muy intelectuales, y que cuando los noruegos vieran la manifestación de demonios durante la liberación se iban a asustar, pero yo seguí las instrucciones del Espíritu. Ministré milagros y liberación, y debido a eso la gente conoció al Dios de poder. De todos los milagros que ocurrieron, estos dos testimonios son los que más me impactaron:

"Mi nombre es Marivic y vivo en Oslo Noruega. Asistí a la Conferencia del Apóstol Maldonado en la Arena Telenor con la esperanza de que Dios hiciera grandes cosas, y no salí defraudada. Necesitaba ser libre de ataduras de religiosidad, depresión, duda, confusión, fracaso, opresión demoniaca, temor a la muerte y espíritu de muerte. Realmente creía que Dios me sanaría, pero lo sobrenatural no es normal aquí en Noruega, donde la mayoría de personas no cree en la liberación. Sin embargo, esto no me detuvo. El Apóstol Maldonado enseñó que la sangre de Cristo tiene poder y pudo demostrar ese hecho. Su oración fue, 'Padre, que venga Tu Reino y se haga Tu voluntad. Ahora, en el nombre de Jesús, ato todo espíritu que atormenta y aflige a Tu pueblo. ¡Los declaro libres, ahora!' Sin darme cuenta me caí; podía oírme a mí misma gritando, rodando por el piso y perdiendo completamente el control. Gritaba desde el fondo de mi vientre mientras mi cuerpo saltaba. En ese momento quise pronunciar el nombre de Jesús, pero no pude; cada vez que lo intentaba, mi lengua se trababa. Finalmente pude gritar ¡Jesús! Cuando regresé a casa sabía que había sido liberada. Pero al dormirme el enemigo trató de atacarme nuevamente; más esta vez sentí el amor de Dios inundándome. Al despertar me sentí limpia y los pensamientos atormentadores con los que siempre había luchado, desaparecieron y fueron reemplazados con la paz de Dios. ¡Aquí en Noruega experimenté el poder liberador de Dios!"

El segundo testimonio es de Larisa, una mujer nacida en Camerún, quien testificó cómo Dios la sanó mientras veía la conferencia por internet, a millas de distancia del lugar.

"Durante el último mes, había estado sufriendo de dolor en los pulmones. Un día desperté asustada porque empecé a escupir sangre; la situación empeoró cuando comencé a soñar que me moría. Fui al hospital para que me examinaran los pulmones porque los sentía llenos de líquido y casi no podía respirar. Aunque me hicieron varias pruebas para determinar si tenía cáncer, los médicos no encontraron la causa, pero seguía sangrando. En casa, mientras veía la conferencia, clamé al Señor que me sanara. De repente, vi al Apóstol Maldonado dirigirse a la pantalla y decir, 'Hay una mujer viéndonos, que necesita pulmones nuevos'. Nunca había creído en los predicadores de la televisión, pero en ese momento caí de rodillas y oré: 'Dios mío, necesito que me sanes y me liberes'. De inmediato sentí un fuerte calor en el pecho y el poder del Espíritu Santo. Minutos más tarde, me di cuenta que podía respirar sin problema, el dolor del pecho había desaparecido y ya no tosía sangre. ¡El poder de Dios me asombró totalmente! Ya eran las diez de la noche, pero nada pudo pararme de venir a testificar; así que fui a dejar a mis hijos con su padre, compré un pasaje de tren para Oslo, y vine a dar testimonio de cómo Dios me ha sanado".

A TRAVÉS DE NUESTRO TESTIMONIO INTERIOR O POR UNA IMPRESIÓN

El testimonio interior es una impresión del Espíritu, distinta a la intuición. Percibimos algo acerca de una situación que aún no ha ocurrido, pero espiritualmente vemos la evidencia en el ahora. Pueden pasar años antes que suceda, pero ya podemos visualizarlo.

Las impresiones del Espíritu forman parte de la naturaleza profética. Romanos 8:16 nos dice que *"el Espíritu mismo da testimonio a nuestro espíritu, de que somos hijos de Dios"*. Es importante que reconozcamos que el Espíritu quiere dar testimonio a nuestro espíritu, y no permitir que nuestra mente o nuestro corazón se contaminen por otras cosas que pueden influenciar nuestro espíritu. Cuando voy a ministrar en un servicio, me preparo en oración y ayuno, pero también necesito mantener mi espíritu limpio de pecados y distracciones, incluyendo malos pensamientos, rencor, malos deseos y malas impresiones.

Casi nunca hablo con otros antes de predicar, porque si lo hago, corro el riesgo que entre una segunda impresión a mi espíritu e interrumpa la ministración de la Palabra de Dios. Si alguien me cuenta un problema, eso puede cargarme. Cualquier otro tipo de información que no venga del Espíritu puede mezclarse con los pensamientos que he recibido de parte de Dios y convertirse en piedra de tropiezo cuando trato de desatar la provisión de Dios con pureza sobre Su pueblo.

Para recibir las impresiones del Espíritu, usted no necesita ser enseñado, pero sí debe ser entrenado y activado. Así, el Espíritu de Dios empezará a traer esas impresiones a su corazón repetidamente. Cuando recibe un testimonio interno de parte de Dios, usted tiene clara certeza de esto en su espíritu; pero si no obedece de inmediato, la impresión se va debilitando y cualquier cosa lo distraerá. La única excepción es que el testimonio interno sea claramente para el futuro. Una impresión no abandona su mente a no ser que usted la rechace, pero cuando lo hace, ésta disminuirá hasta desaparecer. Por eso es tan importante que recibamos las impresiones del Espíritu Santo y obedezcamos tan pronto Él nos hable.

La primera señal de que no está interesado en las cosas del Espíritu Santo es que no les pone atención a esas impresiones, y para usted no significan nada. Más, cuando tiene el testimonio del Espíritu, sabe lo que significan y éstas se manifiestan como una fuerte convicción interior.

La primera impresión es normalmente la del Espíritu.

Por ejemplo, a la luz de lo que acabo de describir, tengo muchas razones para confirmar que fui totalmente guiado por el Espíritu Santo cuando hice un viaje ministerial a Pakistán. Muchos no van a Pakistán porque es un país donde el terrorismo es extremo. Uno debe recibir realmente una fuerte impresión del Espíritu para saber que al ir allá está caminando en la voluntad de Dios y bajo Su protección. Así que cuando fui invitado a Pakistán por mi hijo espiritual, el apóstol Ankwar, oré al Señor y sentí la guía del Espíritu de Dios. Entonces le pregunté cuál era Su propósito al llevarme a ese país, y Él me dijo que quería que predicara acerca de la cruz.

Al llegar, me encontré delante de 1.2 millones de personas. Prediqué sobre la obra terminada de Cristo en la cruz, y cientos de miles fueron salvos y sanos porque seguí la impresión del Espíritu Santo. Todos fueron bendecidos porque le permití guiarme. Igualmente, cada vez que predico o enseño, y cada vez que tomo una decisión, siempre le pido al Espíritu Santo que me guíe; y muchas veces Su voz viene a mí como una intuición, como un testimonio interior o impresión, tal como aquella que acabo de describir.

Las impresiones del Espíritu nos guían a tomar decisiones en la vida.

POR LA PALABRA DE DIOS

La guía genuina del Espíritu siempre es clara; no hay confusión, contradicción o duda en ella. El salmista dijo: *"Lámpara es a mis pies tu palabra, y lumbrera a mi camino"* (Salmos 119:105). Para nosotros la Palabra de Dios es lámpara y lumbrera. Como lámpara, la Palabra nos guía a elegir correctamente y a posicionarnos para recibir las bendiciones de Dios. Muchas veces el Señor me ha guiado a tomar una decisión recordándome un pasaje bíblico, confirmando así que lo que estoy sintiendo es en verdad una intuición o impresión del Espíritu, porque no contradice la Biblia, sino que se alinea a ella.

POR LA VOZ INTERIOR

De la misma manera, la voz interior del Espíritu siempre nos habla conforme a la naturaleza y el carácter de Dios; nunca los contradice. La voz interna es esa voz íntima que oímos en nuestro espíritu, dirigiéndonos a saber qué hacer en cada situación. Aprendemos a escucharla por mantener una relación permanente con Él. Romanos 8:14 dice que *"todos los que son guiados por el Espíritu de Dios, éstos son hijos de Dios"*.

Hace un tiempo estaba orando en mi casa, cuando el Señor habló a mi corazón, diciéndome que fuera a México. Comencé a hacer los preparativos del viaje para ir allá con mi equipo de misiones, y seguí orando para que el Señor me revelara Su voluntad para ese viaje. Finalmente, el Espíritu Santo me habló y me dijo: "Quiero que vayas a México a declarar cielos abiertos sobre esa nación". Era la primera vez que recibía ese tipo de comisión y no sabía cómo llevarla a cabo; pero Él me instruyó para que hiciera ese decreto de "cielos abiertos" durante la segunda noche de servicios.

Como el Señor me mostró que Él abriría los cielos sobre México, eso fue lo que declaré. Una vez que hice lo que Él me había revelado a través de la voz interior, las sanidades y liberaciones empezaron a ocurrir. Pero esos milagros eran similares a los que ya había visto muchas veces, así que le pregunté al Señor qué diferencia había entre estos y los de "cielos abiertos". Él me respondió que al día siguiente vería la diferencia. En las últimas sesiones, mientras adorábamos al Espíritu Santo, la presencia de Dios cayó y los enfermos comenzaron a recibir sanidad por sí solos. Vimos milagros portentosos, muchos de ellos ocurrían al mismo tiempo, sin que nadie impusiera manos sobre la gente. La siguiente es una recopilación de los testimonios más impactantes.

> ## Quienes no saben cómo oír la Palabra ni se preocupan por aprender a hacerlo, no son dignos de oírle.

Maricela llevaba doce años sufriendo de rinitis alérgica. Era una maldición generacional, ya que su abuela, su madre, ella y ahora su hijo, habían sido diagnosticados con la misma enfermedad. Ella no podía respirar bien y hasta había perdido el sentido del olfato casi por completo; tampoco podía correr porque enseguida se cansaba. Maricela testifica que apenas declaré cielos abiertos sobre México, ella sintió que algo caliente bajó por su frente y al instante le destapó la nariz; y hasta pudo percibir el olor de las palomitas de maíz que vendían en el estadio. Ahora puede correr y ¡está sana por completo!

Laura Cecilia sufría de esquizofrenia. Además, nació con displasia maxilofacial —un hueco en el maxilar superior que le deformaba la cabeza y la cara—, todo lo cual era producto de una maldición generacional. Ella cuenta que sus abuelos paternos, su papá y también sus hermanos padecían la misma enfermedad. Antes que sucedieran los milagros, la parte hueca de su cráneo era delicada y muy suave al tacto, pero cuando el milagro ocurrió, de pronto sintió un calor intenso que empezaba en la parte posterior de su cabeza e iba moviéndose hacia la frente. Cuando el doctor la revisó en el altar, pudo sentir cómo se estaba formando el hueso que faltaba, y cómo el cráneo empezó a endurecerse. Laura Cecilia asegura que Dios la liberó de esquizofrenia en medio de la adoración y también creó el hueso que faltaba en su cabeza.

Alexis había sufrido un derrame cerebral hacía dos años, y esto hizo que un coágulo se formara en su tallo cerebral. Por eso llegó al Encuentro Sobrenatural México incapacitado para caminar por sí sólo, sintiendo opresión en su cabeza y mareos continuos. No podía trabajar a causa de su incapacidad, y siendo un hombre joven, no quería seguir viviendo así. Alexis dice que cuando declaré milagros creativos bajo cielos abiertos, él levantó sus manos, y por varios minutos sintió como si fuego y electricidad recorrieran todo su cuerpo. De inmediato soltó el bastón del cual había dependido hasta ese momento. Ahora no solo puede caminar, sino también correr. ¡Dios lo sanó y el derrame es cosa del pasado!

Alejandra había sido diagnosticada con colon espástico redundante, que es una condición del tracto digestivo, específicamente del intestino grueso. Cuando se enteró que yo iría a México, decidió asistir al Encuentro Sobrenatural, sabiendo que recibiría su milagro. Cuenta Alejandra que el viernes, cuando le pedí a la gente que se pusiera las manos donde tenía algún dolor o enfermedad, ella se puso la mano en el área del estómago y le pidió a Dios que la sanara. De pronto empezó a sentir mucho calor y que algo se desprendió de su cuerpo. Alejandra testifica que desde ese día no ha tenido que tomar más medicamentos. "¡No he sentido más dolor!

Antes no podía comer grasas, porque después debía tomar hasta veinticuatro pastillas diarias. Ahora, ¡el Señor me ha sanado y me ha dado un estómago nuevo!"

Si Dios puede hablarme con claridad y usarme tan poderosamente, Él puede hacer lo mismo con usted. Solo debe aprender a oír Su voz y seguirla. Mientras aprende a oírla, le animo a que siga Su voz, impresiones e intuición, porque usted tiene el potencial para ser usado por Él.

> **La voz interior del Espíritu Santo lo guiará a actuar y caminar en lo sobrenatural, y a tener encuentros gloriosos con Él.**

PREPARÁNDOSE PARA SER GUIADO POR EL ESPÍRITU SANTO

Dios nunca tuvo la intención que anduviéramos sin propósito, tratando de agradarlo, pero sin guía ni dirección. Antes bien, nos envió al Espíritu Santo y nos equipó con la capacidad de oírlo, sentirlo, intuir y discernir Su atmósfera. Usted también puede ser guiado por el Espíritu Santo, tal como lo hacían los primeros cristianos, haciendo lo siguiente:

ENTRÉGUESE A UNA VIDA DE ORACIÓN CONTINUA

La primera clave para ser guiado por el Espíritu de Dios es vivir una vida de oración y comunión constante con Dios, tal como Jesús lo hizo; ésta es la fórmula para permanecer en un estado sobrenatural, donde cada uno de nuestros pasos es alineado a los planes y la voluntad de Dios. La oración es la mejor forma de comunicarnos con el Padre, y a través de ella recibimos Su guía y dirección. El Espíritu Santo es quien nos permite expresar nuestros más profundos deseos y peticiones al Padre. *"De igual manera el Espíritu nos ayuda en nuestra debilidad; pues qué hemos* de pedir como conviene, no lo sabemos, pero el Espíritu mismo intercede por nosotros con gemidos indecibles" (Romanos 8:26).

CEDA Y RÍNDASE AL ESPÍRITU SANTO

Ceder al Espíritu significa obedecer y someterse; cambiar lo natural del hombre por lo sobrenatural de Dios. Es un acto que viene de nuestra propia voluntad. El Espíritu Santo no nos obliga a hacer cosas por la fuerza, pero sí nos instruye sobre cómo hacerlas. En el desierto, cuando Moisés se acercó a la zarza ardiente, Dios le dijo: *"No te acerques; quita tu calzado de tus pies, porque el lugar en que tú estás, tierra santa es"* (Éxodo 3:5). Debemos seguir las instrucciones de Dios y rendir nuestra incredulidad, dudas, debilidades, deseos egoístas, emociones, pensamientos y temores al Espíritu Santo. Debemos morir a nosotros mismos —a nuestra carne y sentidos naturales—, para que Él pueda guiarnos a caminar en lo sobrenatural.

La unción de Cristo era sin límites porque Él rindió todo lo que tenía; no se guardó nada. Él era totalmente guiado por el Espíritu, porque no se enfocaba en Sí mismo sino en lo que el Espíritu le decía que dijera e hiciera. Lo mismo está disponible para nosotros. Si queremos operar bajo la guía y unción del Espíritu Santo, sin límites, entonces tenemos que rendirle todo, sin límites. Frecuentemente me dicen: "Apóstol, quiero que la unción y la guía del Espíritu aumente en mi vida, ¿qué debo hacer?" Mi respuesta siempre es: "Tiene que negarse a sí mismo y rendirle todo al Espíritu de Dios". Es la única manera como Su unción puede aumentar en nosotros, para ser usados por Él para ministrar bajo cielos abiertos, con todo el poder de Dios. Donde hay menos de nosotros, hay más de Él; pero lo opuesto también es cierto.

La vida cristiana no consiste en luchar sino en ceder. No es un esfuerzo sino una elección que viene de nuestra unión con el Espíritu Santo.

Cada vez que morimos a nuestros derechos, Jesucristo nos da Sus derechos, los mismos que ganó en la cruz del Calvario. Ésta es la ley del intercambio que mencioné en un capítulo previo. En ese intercambio el Señor nos dice: "Te voy a dar más poder, pero quiero que Me rindas tus miedos, dudas e incredulidad. Te voy a dar más sabiduría, pero quiero que Me rindas tus ambiciones y tu agenda personal". Ceder o rendirse al Espíritu es dejar que Dios sea Dios, en nosotros y a través de nosotros. Sabemos que no ha habido un real intercambio porque la unción no aumenta en nuestra vida; en ese caso, debemos examinar nuestro corazón y ver en qué medida nos hemos rendido a Dios.

La guía del Espíritu Santo en nuestra vida se incrementa conforme a la medida en que nos rendimos a Él. *"Es necesario que él crezca, pero que yo mengüe"* (Juan 3:30). Cuanto más le cedemos a Dios, más estará la vida de Cristo en nosotros. Todos tenemos algo que rendirle a Él; pueden ser riquezas, pensamientos impuros, desánimo, inmadurez, inconsistencia, falta de perdón, relaciones impuras, ambiciones y mucho más. Necesitamos hacer el compromiso de entregarle a Dios cualquier cosa a la que estemos aferrados. No podemos permitir que nada ni nadie se convierta en ídolo e impida la obra del Espíritu Santo en nosotros y a través de nosotros.

Por tanto, en la medida que le cedamos nuestra vida a Dios, en esa misma medida tendremos el poder del Espíritu Santo. ¿Tiene treinta por ciento de Cristo? Ese treinta por ciento es lo que usted le ha rendido a Él. Si le da el cien por ciento, recibirá cien por ciento a cambio. Por eso el apóstol Pablo le dijo a los Gálatas: *"Con Cristo estoy juntamente crucificado, y ya no vivo yo, más vive Cristo en mí; y lo que ahora vivo en la carne, lo vivo en la fe del Hijo de Dios, el cual me amó y se entregó a Sí mismo por mí"* (Gálatas 2:20).

CAMINE EN EL ESPÍRITU Y NO EN LA CARNE

Durante el curso de nuestras vidas siempre enfrentaremos conflictos entre nuestro espíritu y nuestra carne porque, *"el espíritu a la verdad está dispuesto, pero la carne es débil"* (Mateo 26:41). Como seres humanos tenemos tres dimensiones: espíritu, alma y cuerpo. Un hijo de Dios que es guiado e influenciado por el Espíritu Santo opera desde la primera dimensión, que es la del espíritu. Nuestro hombre espiritual se forma cuando nacemos de nuevo y se desarrolla por la obediencia a la Palabra y la guía del Espíritu Santo; en el ámbito espiritual ése es el balance perfecto. El hombre espiritual quiere más de Dios y menos de sí mismo; por eso anhela la guía del Espíritu.

Quienes viven en la carne operan en la segunda dimensión de su humanidad —el alma—, que es el lugar donde se originan las perversiones. Por eso son egoístas, egocéntricos, ambiciosos, indisciplinados y tienen apetitos incontrolables. Quieren más de sí mismos y menos de Dios.

Vivir conforme a los deseos de la carne equivale a ser guiados por nuestra naturaleza pecaminosa. Por consiguiente, la prueba de que una persona está viviendo en la carne es que sus acciones y decisiones no son dirigidas por el Espíritu Santo. Por ejemplo, si sus emociones están fuera de control, quiere decir que no está caminando bajo la influencia del Espíritu. Es más, caminar en la carne abre la puerta a la tentación; y ésa es una manera de decirle "Sí" a las ofertas del enemigo. Cuando caminamos en esa condición, el Espíritu Santo no puede guiarnos.

> **Según la Biblia, la "carne" es cualquier cosa que no tiene la influencia del Espíritu Santo.**

No podemos caminar con el Espíritu Santo sin crucificar a diario nuestra carne. El día que no crucifico mi carne puedo cometer los peores errores. Por eso, al final de cada día puedo revisar las decisiones que he tomado y ver si fui guiado por mi carne o por mi espíritu; si fui influenciado por mi vieja naturaleza o por el Espíritu de Dios.

Ser guiado por el Espíritu Santo es caminar bajo Su influencia. Quiere decir que ya no hacemos las cosas de acuerdo a los deseos de la carne. La palabra de Dios nos enseña a renovar nuestras mentes, para que pensemos como Cristo piensa y nos dejemos guiar por Su Espíritu (vea Romanos 12:2). *"Porque no nos ha dado Dios espíritu de cobardía, sino de poder, de amor y de dominio propio"* (2 Timoteo 1:7).

Para evitar ser guiados por la carne debemos ser llenos del Espíritu de Dios; solo así seremos guiados por Él en todas las cosas.

Si está luchando con la carne, vaya a la cruz. Ése es el lugar donde Jesús murió, donde pagó el precio por nuestra redención y donde desató Su poder para que podamos vencer la carne. Crucificar la carne forma parte de nuestro sacerdocio, de ofrecernos a nosotros mismos como sacrificio vivo delante de Dios y dejar nuestra vieja naturaleza en el altar (vea Romanos 12:1). Este nuevo sacerdocio viene en forma de sacrificios espirituales como orar, ayunar, dar y adorar. Cuando estamos en ese estado de sacrificio, el Espíritu Santo puede hablar a nuestro ser interior, guiarnos a toda verdad, a hacer la voluntad de Dios y desatar Su poder sobre nosotros. Debemos sacrificar al hombre viejo o nuestra vieja naturaleza, para que el nuevo hombre espiritual pueda vivir. *"Pero el hombre natural no percibe las cosas que son del Espíritu de Dios, porque para él son locura, y no las puede entender, porque se han de discernir espiritualmente"* (1 Corintios 2:14).

Para muchos, nada es más real que su lógica y su naturaleza carnal. Ellos consideran sus problemas, dificultades y temores más reales que el Espíritu Santo. Sin embargo, desde el momento que alguien deja de vivir en la carne y comienza a vivir conforme al Espíritu de Dios, Él se hace más real y puede discernir Su guía y dirección. Así Él adquiere más importancia que los deseos de la carne. Cuando usted es guiado por el Espíritu, lleva una vida santa y aún sus sentidos naturales son santificados.

Jesucristo es la Persona que más admiro, porque como hombre nos mostró que podemos vivir en victoria, si cedemos todo a Dios y caminamos en el Espíritu. En la tentación de Jesús en el desierto podemos ver una poderosa ilustración de esto. *"Entonces Jesús fue llevado por el Espíritu al desierto, para ser tentado por el diablo"* (Mateo 4:1). El Espíritu de Dios dirigió a Jesús al desierto para que siguiera los pasos que lo llevarían al cumplimiento de Su propósito. Note que, aunque Jesús fue tentado por el enemigo, Él permitió que el Espíritu lo guiara.

A través del ejemplo de Jesús, el Padre le mostró a la humanidad cómo vencer la tentación del enemigo. Recuerde que cuando Jesús vino a la tierra, dejó Sus atributos divinos atrás, en el cielo. Dice Filipenses 2:7 que Él *"renunció a sus privilegios divinos"* (NTV). Se hizo hombre para modelarnos una vida guiada por el Espíritu. Jesús nunca cayó en pecado, por eso alcanzó el destino glorioso que el Padre tenía preparado para Él.

> **Jesucristo nos mostró cómo derrotar al enemigo, vencer la tentación y agradar al Padre en todo.**

Creo firmemente que no fue una coincidencia que Jesús se enfrentara al diablo en el desierto. El enemigo vio la oportunidad de engañar al Hijo de Dios de la misma forma como lo hizo con Adán y Eva; pero se sorprendió al ver que Jesús no cayó en ninguna de sus tentaciones. La carne no era la realidad de Cristo, porque Él estaba completamente lleno del Espíritu de Dios. Del mismo modo, hasta que el Espíritu Santo no sea más real que su carne y el ámbito natural, usted no logrará vencer la tentación. ¿Son acaso la fama, el sexo, el dinero, el orgullo o la glotonería más reales que el Espíritu Santo? Si para usted es así, siempre caerá en cualquier trampa que el enemigo le ponga. En sus propias fuerzas, un hombre natural no puede vencer al diablo. Sin el Espíritu Santo, usted ni siquiera podrá pelear contra el enemigo, mucho menos vencerlo.

Las tentaciones que no puede vencer hablan de cuánto de la vida de Dios aún le falta, mientras que las tentaciones que vence, revelan cuánto de la unción del Espíritu Santo usted tiene. Recuerde que Dios nos da Su Espíritu para que venzamos toda tentación tal como lo hizo Jesús. Esto quiere decir que todo creyente tiene el potencial o la capacidad de ser guiado por el Espíritu de Dios, porque Él vive en nuestro interior y porque Cristo nos modeló cómo escuchar Su voz.

SEA GUIADO POR EL ESPÍRITU SANTO

No puede haber dos capitanes en el timón de nuestra vida. O nosotros tenemos el control o lo tiene Cristo. Debemos darle nuestra vida a Dios, morir a nuestro "yo", crucificar la carne y dejar que Cristo sea nuestro capitán. ¡Tenemos que dejar de caminar en la carne! Si insistimos en manejar nuestra vida, si elegimos seguir nuestras propias ambiciones y deseos, si optamos por hacer nuestra propia voluntad, quedaremos descalificados para caminar en el Espíritu. Solo la guía del Espíritu Santo nos llevará a un lugar seguro en la voluntad de Dios.

Hoy, lo desafío a dejarse guiar por el Espíritu Santo, a reconocer Sus impresiones e intuiciones y a oír y obedecer Su voz. Dios quiere que usted manifieste Su poder en la tierra. Él envió a Su Espíritu para que sea su Guía, para hacerle conocer Su voluntad y revelarle Sus planes. Solo tiene que rendirse y cederle el mando. Vacíese de sí mismo renunciando a su voluntad egoísta, sus ambiciones personales y su razonamiento humano, y deje que Dios viva en usted. La diferencia la notará cualquier persona que esté en contacto con usted.

Si hoy usted dice: "Espíritu Santo, quiero que me ayudes a orar; que me ayudes en mi matrimonio, negocios, finanzas y todo lo demás", entonces Él lo guiará y Su influencia se hará más fuerte en su vida. Él pondrá el deseo en su corazón por buscarlo, por renunciar a su carne y rendirse a Él. Así es como usted será empoderado espiritualmente y adquirirá un sentido claro de dirección en su vida.

El caminar cristiano demanda que usted crucifique su carne y se rinda a Dios.

ACTIVACIÓN

"Porque todos los que son guiados por el Espíritu de Dios, éstos son hijos de Dios" (Romanos 8:14). Cuando la Escritura dice *"hijos de Dios"*, se refiere a los creyentes maduros que entienden la importancia de ser guiados por el Espíritu. Muchas personas nunca han escuchado la voz de Dios y esto habla de su nivel de crecimiento espiritual. Los creyentes inmaduros no conocen la voz del Espíritu Santo y nunca aprendieron a oírla; por eso no pueden ser guiados por Él. Para llegar a ser hijos maduros de Dios, tenemos que aprender a ser guiados constantemente por Él.

Es necesario que dejemos atrás nuestras inmadureces y busquemos a Dios más que nunca, para que podamos oír Su voz con claridad, en medio de estos tiempos malos, demoniacos y peligrosos. Para la supervivencia de la iglesia es esencial que los hijos de Dios seamos guiados por Su Espíritu, porque así es como conquistaremos nuevos territorios para el Reino y nos moveremos de gloria en gloria.

Ore conmigo en voz alta:

Padre Celestial, Tu Palabra dice que Tus ovejas oyen Tu voz y te siguen. Tú eres mi Pastor y eres mi Padre. Como Tu hijo, conozco Tu voz. En el nombre de Jesucristo, me arrepiento por desobedecerte y Te pido que me perdones por todas las veces que no he oído ni obedecido Tus intuiciones, impresiones o el testimonio interno de Tu Espíritu. Hoy, me niego a mí mismo, rindo mis inseguridades, mis temores y mis problemas; rindo lo natural para recibir lo sobrenatural por la ley del intercambio. Ya no vivo yo, más Cristo vive en mí. Espíritu Santo, crucifico mi carne y te invito a llenar, controlar, influenciar y saturar mi ser interior con Tu presencia. Rindo mi mente, mis emociones y mi voluntad, para que Tú vengas a ser más real para mí, más que todo lo demás en mi vida. Muero al viejo hombre, a la vieja naturaleza y a los deseos pecaminosos. Dejo de caminar en la carne para caminar en el Espíritu. Ahora estoy listo para recibir Tu guía.

Ahora mismo, soy lleno del Espíritu Santo en todas las áreas que han estado bajo el control de mi carne. Padre, te doy gracias y te pido que Tu Espíritu Santo me dirija sobrenaturalmente en mi familia, trabajo y ministerio. ¡Quiero que me guíes en todas las áreas de mi vida! Recibo la llenura y la influencia del Espíritu Santo. Menguo yo para que Tú crezcas en mí. Crucifico mi ego para que Tú puedas vivir en mí y a través de mí. Te doy gracias Padre, en el nombre de Jesús. ¡Amén!

8

EL RÍO, LAS OLAS Y EL FLUIR DEL ESPÍRITU

Como cuerpo, la iglesia está entrando en uno de los tiempos más hermosos de su historia: el mayor derramamiento del Espíritu Santo que la tierra jamás haya visto, en preparación para el retorno de Cristo. Por eso, es importante que reconozcamos las tendencias y patrones que nos llevarán a crecer y fluir correctamente en este gran avivamiento espiritual. El Espíritu Santo es la expresión de Dios en la tierra; sin Él no sabríamos qué operaciones Dios está iniciando ni hacia dónde nos está llevando. Si queremos experimentar los movimientos de Dios, necesitamos oír lo que el Espíritu está diciendo en el ahora. (Vea, por ejemplo, Apocalipsis 2:7). Debemos estar atentos al fluir del Espíritu Santo hoy, tanto en la iglesia como en el resto del mundo.

CLAVES PARA ENTENDER LOS MOVIMIENTOS DEL ESPÍRITU SANTO

La visión del profeta Ezequiel incluye este pasaje:

Midió otros mil, y me hizo pasar por las aguas hasta las rodillas. Midió luego otros mil, y me hizo pasar por las aguas hasta los lomos. Midió otros mil, y era ya un río que yo no podía pasar, porque las aguas habían crecido de manera que el río no se podía pasar sino a nado. (Ezequiel 47:4–5)

El Espíritu Santo es como el agua de un río, que nos cubre a medida que nos metemos cada vez más profundamente en él, hasta que la única forma de cruzarlo es a nado. Así debería ser nuestra relación con Él; debemos sumergirnos por completo en Su poder, presencia y manifestación, hasta que seamos capaces de nadar en el río de Su presencia y seguir cada nueva ola y movimiento que Él traiga a la tierra. Las siguientes son algunas claves para entender el río, las olas y el fluir del Espíritu Santo.

Todo avivamiento está fuera de nuestro control porque éste viene del Espíritu.

EL RÍO DEL ESPÍRITU VIENE DEL TRONO DE DIOS

"Después me mostró un río limpio de agua de vida, resplandeciente como cristal, que salía del trono de Dios y del Cordero" (Apocalipsis 22:1). El río del Espíritu lleva la actividad del trono de Dios a la tierra y fluye de regreso al trono. Quienes están espiritualmente cerca del trono de Dios y saben lo que el Espíritu está diciendo hoy pueden entender la actividad del río. Si no conocemos el trono ni el río que fluye de Él, los movimientos del Espíritu Santo no tendrán sentido para nosotros. La obra del Espíritu de Dios nos pasará por encima, porque no encaja con nuestra agenda personal.

Pastores y líderes, si ustedes creen que es muy difícil que la gente reciba el río del Espíritu Santo, a través de la asignación que Dios le ha dado, usted necesita cambiar radicalmente su manera de pensar. El avivamiento *está* viniendo a varias ciudades de los Estados Unidos, Europa, África, Latinoamérica y el resto del mundo. Hay corrientes proféticas, ríos de santidad, liberación, prosperidad, sanidades, milagros y milagros creativos fluyendo del trono de Dios, y el Espíritu está esperando que usted abra las puertas y permita que el río fluya a través de su territorio. Cada vez que voy a otra iglesia a ministrar, me aseguro de que los pastores hayan recibido el espíritu de avivamiento, porque si no lo han hecho, será imposible que el movimiento del Espíritu continúe allí. Recuerde que cada pastor es la puerta de su iglesia; es quien permite entrar o detiene todo lo que procede de Dios. Por eso, todo avivamiento debe empezar en la vida del pastor; de lo contrario cerrará la puerta al fluir del Espíritu Santo.

A veces la gente trata de clonar avivamientos que han ocurrido en otras épocas o lugares, pero les falta el verdadero mover del Espíritu. Es posible copiar las formas de Dios, la manera cómo antes se hicieron las cosas, pero el movimiento del Espíritu de Dios nunca puede clonarse porque el Espíritu Santo siempre tiene algo diferente para cada tiempo, país, región y para cada creyente. Necesitamos discernir los movimientos que el Señor tiene para nuestra vida y territorios, y después hacernos parte de los mismos, a fin de llevarlos en nuestro espíritu para compartirlos con otros. Los movimientos del Espíritu solo se pueden sentir o discernir cuando participamos en ellos.

Usted no puede cargar un avivamiento del que no participa. ¡Por eso necesita saltar al río del Espíritu!

Para que el río del Espíritu se manifieste, el *logos* y la *rhéma* de Dios deben trabajar juntos. Como vimos anteriormente, *logos* es la Palabra escrita, inspirada por el Espíritu Santo, la cual establece la doctrina de nuestra fe; pero lo que está escrito permanece inerte hasta que nos es revelado a través de una palabra *rhéma*. Así, la *rhéma* es una palabra de Dios para hoy, para una situación específica; es el *logos* revelado para el ahora. *Logos* es la base sobre la que el río del Espíritu Santo es establecido, mientras que la *rhéma* carga los movimientos del Espíritu. Todo movimiento del Espíritu comienza con una *rhéma* basada en un *logos*.

¿Quiere participar en el próximo avivamiento en la tierra? Entre en el río del Espíritu que está fluyendo en el ahora. No hay excusa para que no le permitamos al Espíritu moverse en nuestras vidas y ministerios.

> **_Logos_ es la base sobre la que fluye el río del Espíritu, pero _rhéma_ es la porta los movimientos del Espíritu de Dios.**

2. LA NATURALEZA DEL ESPÍRITU SANTO ES DE CONSTANTE MOVIMIENTO

Desde el inicio de la creación, el Espíritu ha estado moviéndose constantemente. (Vea, por ejemplo, Génesis 1:2). El Espíritu de Dios nunca se queda quieto porque Su naturaleza es infinita, al igual que Su capacidad de moverse. En la iglesia primitiva del primer siglo, el Espíritu Santo se mantenía en continuo movimiento y expansión. Hasta el día de hoy, el Espíritu se mueve sin cesar de acuerdo a Su naturaleza eterna. Él siempre está haciendo algo y continúa expandiéndose.

Dios puede hacer algo fresco cada día, a cada momento, por la eternidad. Siempre hay algo nuevo de Dios que Él quiere hacer en nosotros y a través de nosotros, generación tras generación. Alguien que va en pos de Dios y del siguiente movimiento del Espíritu nunca se aburrirá, jamás se acomodará ni se familiarizará con la unción, porque no querrá perderse lo próximo que Dios hará.

> ## El ámbito espiritual nunca permanece estático, porque el Espíritu Santo siempre está moviéndose.

3. EL ESPÍRITU SANTO SE MUEVE DENTRO DE NOSOTROS

Cuando recibimos al Espíritu Santo, estamos destinados a fluir en los ríos eternos que manan de nuestro interior. Recuerde que en el "último y gran día" de la fiesta de los Tabernáculos, Jesús dijo: *"El que cree en mí, como dice la Escritura, de su interior correrán ríos de agua viva. Esto dijo del Espíritu que habían de recibir los que creyesen en él"* (Juan 7:38–39). La palabra *interior*, en griego es la palabra *koilia*, que significa "vientre o entrañas" y metafóricamente se refiere a la parte más íntima del ser humano, el corazón, que es el lugar donde el Espíritu de Dios mora. A menudo esperamos que el avivamiento venga de afuera, o que un hombre o mujer de Dios nos impacte; pero el Espíritu Santo ya está en nosotros, esperando que entremos en Su río. Recuerde que usted y yo fluimos en el mismo Espíritu que Jesucristo, Pedro, Pablo y los primeros apóstoles. Estos son los días en que las corrientes del Espíritu fluirán de nuestro interior para ministrar al mundo.

En el versículo anterior, la obra del Espíritu de Dios se compara a los *"ríos"* porque, repito, su movimiento es constante y fluye llevando Su vida. No es un pantano de agua estancada, oscura, putrefacta y sin vida. Tristemente, mucha gente religiosa ha convertido su vida espiritual en un pantano, porque en ella no hay vida. Hoy, usted puede decidir entre rendirse a los ríos del Espíritu Santo —los cuales están llenos de sanidad, liberación, transformación, prosperidad, bendiciones y milagros—, o permanecer en el pantano de la religiosidad y la tibieza espiritual. ¡Lo exhorto a que escoja los ríos del Espíritu!

4. EL ESPÍRITU SANTO SE MUEVE EN LA DIMENSIÓN DEL SONIDO

"Cuando llegó el día de Pentecostés, estaban todos unánimes juntos. Y de repente vino del cielo un estruendo como de un viento recio que soplaba, el cual llenó toda la casa donde estaban sentados" (Hechos 2:1–2). Todo lo que procede de Dios viene a través de la dimensión del sonido. Su voz crea, trae cosas a la existencia (vea, por ejemplo, Génesis 1:3) y también las sustenta (vea Hebreos 1:3). Nada en la creación fue formado hasta que Él dijo que existiera.

Así que, la revelación de la nueva vida está en el sonido. Para usar un ejemplo del mundo físico, cuando una mujer embarazada quiere saber el estado de la vida que carga en su vientre, lo primero que su médico hace es buscar el sonido del latir de su corazón a través de un ultrasonido. La Biblia nos enseña que nuestra fe proviene de los sonidos del Espíritu, porque está escrito que *"…la fe viene del oír, y el oír, por la palabra de Cristo"* (Romanos 10:17 LBLA). Este principio también lo vemos durante los servicios en la iglesia, cuando Dios se mueve inicialmente por medio de sonidos musicales y cánticos de adoración. Es el Espíritu hablando a través de vasos humanos.

En esta temporada, Dios está levantando personas cuyas voces puedan desatar el río del Espíritu de diversas formas, y no podemos confundir sus voces con otras que, aunque parezcan que provienen del Espíritu, no son más que ecos. La voz de Dios en una persona será genuina solo cuando esa persona esté aprobada y ungida por Él. Cuando una voz es original, nadie más puede producir exactamente lo que esa voz produce. Si esa voz tiene la sustancia sobrenatural del Espíritu de Dios, las señales tangibles y visibles la seguirán.

Debemos tener en cuenta que Dios no pone requisitos en cuanto a la trayectoria de la persona que Él usa; puede venir de una aldea o una ciudad, de un país pobre o rico; puede ser un intelectual o puede que no tenga títulos académicos. En cualquier caso, si la persona es aprobada y ungida por Dios, nada puede detener que el río del Espíritu fluya a través de ella. El diablo no puede ir contra aquella voz que porta el mover del Espíritu Santo.

Así que, no es tiempo de recurrir a fórmulas humanas, sino de meternos en el río del Espíritu y participar en el poder y el avivamiento de Dios. Nuestras voces, inspiradas por el Espíritu Santo, ¡traerán ese avivamiento!

> ## Lo que hace que un movimiento del Espíritu sea auténtico, es el sonido que proviene de la boca de Dios.

5. EL ESPÍRITU SANTO SE MUEVE EN CORRIENTES Y OLAS

Durante la segunda mitad del siglo veinte, hubo diferentes corrientes del Espíritu en la iglesia. En los sesenta hubo una corriente evangelística con sanidades y milagros impresionantes. En los setenta y ochenta vimos una corriente del Espíritu que trajo la restauración de los dones proféticos. En los noventa hubo una corriente de liberación y prosperidad; además, se restauró el ministerio apostólico, que trajo orden y gobierno a la iglesia; finalmente, hubo una fuerte corriente del gozo del Espíritu. Después, en la primera década del siglo veintiuno, el mundo vio una corriente de la gloria de Dios y la manifestación de señales sobrenaturales. Lo triste es que muchos líderes se acostumbraron a ser usados en una o dos de esas corrientes y se quedaron allí, sin dar el salto a la siguiente ola del Espíritu, incluyendo los movimientos que Dios está trayendo hoy. Cuando el Espíritu Santo fluye, lo que sostiene esa corriente es la gracia de Dios. Si Su gracia se levanta o se detiene, con seguridad podemos decir que el río del Espíritu se ha detenido. En el momento que la gracia de Dios se levanta de nosotros o de nuestro ministerio, el río de la unción y milagros deja de fluir y lo que queda es un ritual; una apariencia de Dios, pero sin poder alguno.

Dios me ha permitido ver cosas increíbles mientras ministro, y mi deseo por fluir en las nuevas corrientes de Su Espíritu ha sido clave para esto. Por eso pongo tanto énfasis en discernir Sus corrientes y reconocer la dirección que tomará la próxima ola. Permítame ilustrar esto con algo ocurrido durante la más reciente Conferencia Apostólica y Profética (CAP) organizada por nuestro Ministerio. Escuché al Espíritu Santo decirme que manifestaría Su presencia sobre el pueblo en tres olas diferentes. La primera ola sería de poder, la segunda de santidad y la tercera de amor. Y eso fue lo que declaré ante más de dieciocho mil personas procedentes de más de cien naciones.

Cuando vino la ola de poder, vimos milagros, liberaciones, manifestaciones de ángeles y sanidades; la gente dejaba sus sillas de ruedas y se levantaba sana; además, les fueron creados órganos a quienes los necesitaban. Cuando esa ola terminó, desaté la ola de santidad, la cual trajo convicción de pecado a muchas personas; les impartí el temor de Dios y se arrepintieron por haber ofendido a Dios. Muchos que habían contristado y apagado al Espíritu Santo, se arrepintieron, y esto produjo transformación en sus corazones y tuvieron encuentros sobrenaturales con el Espíritu de Dios. Finalmente, proclamé la tercera ola, y el amor del Padre vino sobre la arena donde estábamos reunidos. Él sanó corazones rotos, abatidos, ofendidos y heridos. Su amor se derramó tan fuertemente en ese momento, que obró milagros en matrimonios y en su relación con nuestro Padre celestial. Todos allí, jóvenes y adultos, hombres y mujeres, recibieron un toque personal de Dios.

¿Cómo supe que era la voluntad de Dios que el Espíritu Santo viniera en olas sobre la gente con tres propósitos diferentes? Lo supe mientras oraba preparándome para la conferencia, cuando el Espíritu Santo me habló y me mostró la dirección que Él tomaría aquella noche. Lo supe porque conozco Su naturaleza y la manera cómo opera; pero sobre todo lo supe, porque reconozco Su voz cuando me habla. He recibido ese tipo de revelación a lo largo de los años de mi vida ministerial. Esto mismo me sucede mientras me preparo para la Escuela Sobrenatural del Ministerio Quíntuple (ESMQ) que organizamos para los líderes que conforman la Red Apostólica Vino Nuevo. También me sucede en los Encuentros Sobrenaturales que realizamos no solo en varias ciudades de los Estados Unidos, sino también en muchos otros países. El Espíritu Santo toca los corazones de miles. Como resultado, vemos milagros increíbles y vidas transformadas. Por lo tanto, ¡esté abierto a las corrientes y olas que Dios quiere revelar y ministrar!

> ## El Espíritu de Dios se mueve en corrientes y olas cada vez que va a decir, revelar o hacer algo nuevo.

6. EL FLUIR DEL RÍO DEL ESPÍRITU ES OMNIPRESENTE, ETERNO E INAGOTABLE

El Espíritu Santo no está limitado a las cuatro paredes de la iglesia; Él se puede mover por cualquier lugar. El Espíritu de Dios está en nuestros hogares y trabajos; en estacionamientos, centros comerciales y dondequiera que vamos.

La corriente del Espíritu es eterna e inagotable, y una vez que la recibimos sentimos que fluye y fluye sin límites; eso me ocurre muy a menudo. Aun después de haber terminado un servicio donde he dejado que fluya el río del Espíritu, éste continúa moviéndose en mí y hablándome. Lo mismo les ocurre a muchos de los presentes. Usualmente siento un fuego en todo mi ser que incluso va conmigo a casa. Por eso, aunque disfruto compartiendo con mis hermanos en Cristo después de un servicio, a veces prefiero no salir a comer en grupo; si lo hago, voy solo con unos pocos para así continuar en esa corriente del Espíritu.

Algo como esto me ocurrió mientras ministraba en Noruega. Una noche enseñé acerca de tener un encuentro con el Espíritu Santo y luego ministré una ola de la gloria de Dios. Ésta cayó sobre toda la gente y fue glorioso. Después de terminar el servicio, fui a un salón con el equipo que me acompañaba. En el momento que entramos, todos empezaron a llorar bajo la presencia de Dios. El mover del Espíritu continuó y tuvimos un encuentro maravilloso con el Espíritu Santo. El equipo lloraba, sollozaba y todos se postraban delante de Dios. Hasta el día de hoy me cuentan que nunca habían vivido algo así, y que el fruto de ese encuentro se ha visto en la transformación que experimentaron en sus vidas.

El Espíritu Santo no está limitado por el tiempo, el espacio ni la materia; Él los trasciende.

OBSTÁCULOS QUE IMPIDEN QUE EL ESPÍRITU SE MUEVA Y SU RÍO FLUYA

Debemos estar conscientes de los obstáculos que a diario vienen a nuestra vida; que amenazan con parar el fluir del Espíritu Santo en nosotros, y nos detienen de tocar a la gente que necesita Su bendición. Es importante que los identifiquemos y los removamos a medida que se presentan. Estos son algunos de los obstáculos más significativos.

UNA MENTALIDAD ORGANIZACIONAL, RÍGIDA Y ESTRUCTURADA

Como hemos visto antes, cuando una iglesia opera de acuerdo con los planes y leyes humanas, más que de acuerdo con la dirección del Espíritu Santo, se vuelve excesivamente estructurada y rígida. Por eso, la mayoría de iglesias y ministerios hoy no dan cabida a lo nuevo y espontáneo que fluye del Espíritu.

En cualquier organización, está bien tener cierta estructura establecida que ayude a facilitar lo natural y las tareas administrativas que tienen que hacerse; pero es un error pensar que el Espíritu se tiene que someter a esa rigidez. Jamás podemos atribuir desorden ni caos al Espíritu Santo; de hecho, donde hay desorden, Él ordena todas las cosas. Lo más apropiado es tener una estructura flexible, que balancee la parte administrativa de la organización como ente natural y el mover sobrenatural del Espíritu Santo. Debemos aprender a fluir con Él, de manera que sea Él quien desate lo que Dios tiene planeado para esa estructura natural.

Una de mis más frecuentes oraciones es: "Espíritu Santo, te cedo espacio para que Te muevas con libertad". Por eso, en cada servicio en El Rey Jesús, siempre tenemos tiempo para la Palabra, pero también damos lugar para que el Espíritu Santo traiga Su vida, y no nos convirtamos en un ministerio muerto. En diversos momentos alguien ha interrumpido nuestros servicios tras ser tocado por el Espíritu Santo. Por ejemplo, un día estaba predicando en la iglesia, cuando de repente escuché gritos que provenían de un sector de la congregación. Al voltear la vista hacia ese lugar vi a una mujer que caminaba hacia el altar a dar su testimonio. Ella dijo que llevaba quince años postrada en una silla de ruedas debido a una enfermedad en los huesos que le impedía caminar, pero que mientras yo predicaba, ella había sido tocada por el poder del Espíritu Santo. ¡De repente sintió fuerzas en sus piernas, se levantó y pudo caminar! Yo no me enojé por la interrupción; al contrario, detuve todo para escuchar el testimonio y alabé a Dios por ese milagro instantáneo. Si hubiera intentado mantener una estructura y seguirla rígidamente, no le hubiera dado oportunidad al Espíritu de Dios para moverse, y ese testimonio no se hubiera compartido para edificación de otros creyentes. Si nos acomodamos al espíritu de religión, aun cuando no sea nuestra intención, perderemos el fluir del Espíritu de Dios.

Cuando el Espíritu Santo viene, nuestras tradiciones, rutinas y hasta la religión desaparecen. Por eso, debemos saber discernir lo que Él está haciendo en el ahora porque, como Jesús le dijo a Marta, "*Una cosa es necesaria…*" (Lucas 10:42), y es sentarnos a los pies de Cristo y escuchar lo que Él quiere que hagamos hoy. Tenemos que darle lugar al Espíritu Santo para que se mueva entre nosotros, y mantener la mente abierta a cualquier cosa nueva que Él quiera hacer o cualquier nueva dirección donde Él quiera ir. Le animo a desatar el poder del Espíritu en su vida, su congregación y en todo lugar o situación en la que Él quiera hacer algo sobrenatural.

OFENDER AL VASO QUE PORTA LA UNCIÓN

Cuando permitimos que la corriente del Espíritu Santo fluya, es inevitable que ofendamos a alguien. Sin embargo, el apóstol Pablo fue categórico respecto a la necesidad de seguir a Dios en lugar de agradar a la gente. Él le dijo a los Gálatas, "*¿Busco ahora el favor de los hombres, o el de Dios? ¿O trato de agradar a los hombres? Pues si todavía agradara a los hombres, no sería siervo de Cristo*" (Gálatas 1:10).

Tengamos cuidado de no ofendernos con la obra del Espíritu Santo ni con los vasos a través de los cuales Él fluye. Como vimos en Lucas 4, el problema de los líderes religiosos de la sinagoga fue que se ofendieron con Jesús; ellos no pudieron recibir de Él porque la unción que viene de un vaso que nos ofende siempre será bloqueada y no fluirá hacia nosotros. Esos líderes religiosos se rehusaron a cambiar sus interpretaciones, tradiciones y reglas. Según ellos, si Dios quería hacer algo, Él debía acomodarse a sus reglas, respetar sus interpretaciones y usar únicamente personas aprobadas por ellos. ¡No los imitemos! Por el contrario, estemos abiertos al mover de Dios como al de los vasos que Él ha escogido.

TOMAR LA ACTITUD DE QUE YA SABEMOS TODO LO QUE NECESITAMOS SABER

Hemos visto que la mayoría de líderes religiosos enseñan sobre Dios, pero no demuestran Su poder. Cuando los predicadores carecen de la vida del Espíritu, sus palabras no tienen peso. Incluso después de escucharlos predicar, usted es incapaz de decir que aprendió algo; no siente que le dieron un mensaje valioso, uno que cambie su vida, transforme su realidad o le ayude a ver el poder de Dios en medio de sus problemas.

Esos líderes religiosos tienen una imagen demasiado simple de Dios, como si Él fuera unidimensional. No entienden Su *"anchura, longitud, profundidad y altura"* (Efesios 3:18); no reciben revelación de nada nuevo de la multiforme sabiduría y gracia del Espíritu. (Vea, por ejemplo, Efesios 3:10; 1 Pedro 4:10).

Quizá usted siga preguntándose, ¿por qué los religiosos del tiempo de Jesús se quedaron en esa condición de estancamiento? En mi opinión, fue porque sentían que ya lo sabían todo, que ya habían "llegado" espiritualmente. Creían que nadie les podía enseñar nada nuevo ni mejor acerca de Dios. De ser guardianes de la Palabra, pasaron a ser guardianes de su propia sabiduría y reglas. Nada hay más peligroso que creer que hemos alcanzado un cierto nivel de espiritualidad en el que ya no necesitamos buscar más revelación o unción, o creer que podemos olvidarnos del fluir del Espíritu.

Como establecí anteriormente, hasta el siglo pasado, los dones ministeriales de los apóstoles y profetas —que bíblicamente son los responsables de traer la revelación de lo sobrenatural y de la Palabra de Dios para este tiempo—, habían sido excluidos del liderazgo y de la actividad de la iglesia. Solo había maestros, evangelistas y pastores, y ellos enseñaban la letra de la Palabra sin manifestaciones de poder. Por eso, el río del Espíritu dejó de fluir en la mayoría de congregaciones. Hoy, Dios ha restaurado la actividad de esos ministerios para el cuerpo de Cristo; pero aún muchos líderes de la iglesia y ciertas denominaciones viven según la manera antigua. ¡Ellos también necesitan meterse en el río del Espíritu!

CÓMO SE MUEVE EL ESPÍRITU SANTO EN NOSOTROS Y A TRAVÉS DE NOSOTROS

Ahora, quiero enseñarle cómo puede permitirle al Espíritu moverse en y a través de usted, para caminar en Sus obras, aquí y ahora. ¿Cómo se mueve el Espíritu Santo en nosotros?

POR LA FE QUE EJERCITAMOS

"Porque por fe andamos, no por vista" (2 Corintios 5:7). Por lo general, vemos que el Espíritu de Dios se mueve en los servicios donde el pueblo le adora y donde el pastor predica y ministra a las personas la unción espiritual con aceite, imponiéndoles manos y bajo la presencia manifestada de Dios. Sin embargo, muchas veces me ha tocado operar solo con fe cruda, sin la presencia manifestada de Dios. En esas ocasiones, no *siento*, percibo ni escucho nada de parte de Dios. No obstante, actuó en fe de todos modos, porque sé que Dios quiere sanar y liberar a Su pueblo, y el Espíritu Santo honra eso.

La fe no niega la realidad, sino que, por el contrario, se mueve en el ámbito de la verdad acerca de Jesús y Su victoria en la cruz del Calvario, a la cual accedemos por medio de la imaginación. Nuestra imaginación puede ver lo que nuestra razón no puede validar. En ciertos casos he visto los milagros más portentosos cuando he caminado por fe, mientras ministro en medio de una atmósfera divina que está presente, aunque no se perciba.

De nuevo, nuestra imaginación no está sujeta a los límites de la razón; es por eso que el Espíritu Santo puede usarla para mostrarnos nuestra verdadera realidad espiritual o la verdad más alta. Por ejemplo, si a alguien le falta un órgano, su razón le dirá que nunca más lo tendrá, porque en lo natural es imposible que nosotros hagamos que vuelva a crecer. Pero, si su imaginación puede ver el órgano nuevo, y usted cree que Dios puede crearlo, entonces Él lo hará. Aquí es donde su fe se ancla cuando Dios desata un milagro creativo. Para que el Espíritu Santo pueda moverse de acuerdo a nuestra fe, debemos tener la certeza de que todas las cosas son posibles para Él. (Vea, por ejemplo, Marcos 9:23).

La fe es el punto de partida para moverse en lo sobrenatural. Todo lo que Dios hace a través de usted, comienza en la fe.

POR LA UNCIÓN QUE DESARROLLAMOS

La unción es el poder de Dios operando a través de nosotros para sanar, liberar, salvar y prosperar. Dios nos unge con el fin de dar a conocer el evangelio de Jesucristo y establecer Su reino en la tierra. Por eso es tan importante que desarrollemos la unción que hemos recibido. ¿Qué ha hecho usted con el poder que ha recibido de Dios? Si la unción que usted tiene no la usa, ésta disminuirá.

Recuerde que el Espíritu Santo está dentro de usted, pero Él no obrará hasta que usted lo provoque a hacer algo. Pablo le dijo a Timoteo: *"Por lo cual te aconsejo que avives el fuego del don de Dios que está en ti por la imposición de mis manos"* (2 Timoteo 1:6). Usted debe avivar la unción que está en su interior y trabajar para hacerla continuamente más fuerte. Considere este ejemplo del mundo físico. Cuando dos líquidos se mezclan, el más pesado se va al fondo; la mezcla necesita ser agitada para que el líquido más pesado suba a la superficie. Algo similar sucede con la unción. Esta allí, pero tenemos que agitarla para permitir que se manifieste. Hay una dimensión dentro de usted que aún no ha sido agitada; aún está dormida. Si usted está caminando en sequía espiritual y nada le está saliendo bien, ¡avive la unción del Espíritu Santo!

Una llave poderosa para cultivar la unción es una vida de oración y ayuno. Jesús caminó en la unción porque Él siempre tomaba tiempo para separarse de los demás para ayunar, orar y adorar al Padre. Si usted hace lo mismo, verá la unción del Espíritu de Dios moverse en y a través de su vida para sanar, liberar, profetizar y ministrar a aquellos que necesitan una palabra de parte de Dios.

Otra clave importante respecto a la unción es que el Espíritu Santo fluye con la personalidad que Dios nos ha dado, para empoderarnos y manifestar Su vida. Nuestra personalidad nos conecta con Él, y Él produce una manera única y personal de expresarse a Sí mismo a través de nosotros. Si nuestro carácter es muy duro, Él lo suaviza; o si es muy suave, Él lo afirma; pero no cambia su esencia. Él solo quiere moldearnos para que Su fe y unción fluyan a través de nosotros.

Ahora que entiende cómo funciona la unción del Espíritu, empiece a usar esa unción que está en usted. Agítela, sáquela a la superficie y cuando la sienta activada en usted, vaya e impóngale manos a quienes la anhelen. Predique la Palabra y ¡manifieste el poder de Dios sanando enfermos y echando fuera demonios!

FLUYENDO CON EL ESPÍRITU

Una pregunta que muchos cristianos se hacen acerca del mover del Espíritu Santo es, "¿Cómo podemos entender lo que el Espíritu quiere y cómo podemos fluir en lo que Él desea hacer hoy?" Para fluir con el río del Espíritu, tenemos que entender Su dirección y estar listos para cambiar.

> **En el mundo espiritual nada sucede por suceder. El Espíritu Santo se mueve en una dirección específica, con un propósito previamente definido.**

ENTENDIENDO SU DIRECCIÓN

El Espíritu Santo nunca se mueve de manera fortuita o por casualidad, sino que siempre sigue la dirección específica que el Padre le da, tal como lo hizo con Jesús. En cualquier momento se puede mover en una ola de milagros creativos, en la gloria de Dios, en sanidades, en un río de palabra profética para afirmar llamados o confirmar decisiones; incluso desatando lo sobrenatural en una iglesia que avanza en revelación. Él siempre tiene una dirección en la que quiere ir, con un propósito previamente definido. Recuerde que, en los días de Moisés, la gloria de Dios se movía en la dirección marcada por una columna de fuego en la noche y una enorme nube en el día. (Vea, por ejemplo, Éxodo 13:21). Como ya vimos, en ese tiempo Dios debía moverse en la dimensión física, porque el pueblo estaba espiritualmente muerto. Todavía no conocían a Dios ni Sus caminos, por eso Él debió tomar formas visibles para revelarse a Sí mismo. Hoy en día, Él no necesita guiarnos por medio de una nube o una columna de fuego, porque el Espíritu Santo mora en nuestro interior. Sin embargo, en el río del Espíritu siempre hay una dirección que debemos reconocer para poder fluir con las cosas nuevas del Espíritu para cada ocasión.

Con frecuencia me sucede que, mientras predico, puedo sentir qué sector de la congregación presenta una actividad espiritual más fuerte, y dónde la gente le está poniendo a Dios mayor demanda, debido a su fe y su búsqueda. El Espíritu Santo siempre responde a las necesidades de quienes están hambrientos y sedientos de Él. Cuando le digo a las personas en qué dirección se está moviendo el Espíritu Santo, ellos tienen la posibilidad de alinearse con Él y dirigir Su hambre a lo que el cielo tiene disponible para ellos en ese momento.

Cada líder de una iglesia local debe prestar atención, ver y discernir la dirección en la que el Espíritu Santo se está moviendo. Por eso es necesario tener un líder de adoración profético, uno comparable a Quenanías en el tabernáculo de David (vea 1 Crónicas 15:22); necesitamos alguien que pueda dirigir la adoración y discernir la dirección del Espíritu de Dios, reconociendo hacia dónde Él va.

Debemos discernir la dirección en que el Espíritu Santo se está moviendo en nuestras vidas, en nuestras iglesias y en el mundo entero.

A medida que buscamos seguir al Espíritu Santo, tengamos en cuenta que Su movimiento no hace distinción en cuanto a género, edad o raza. Él trabaja en las vidas de blancos, negros, latinos, asiáticos, indígenas y cualquier otra raza; sean hombres, mujeres, jóvenes o adultos. Él se manifiesta con libertad en todos los continentes, lenguas y culturas de la tierra que pueden discernir Su presencia.

ESTANDO LISTOS PARA CAMBIAR

En nuestro caminar con Cristo, necesitamos un ambiente que nos lleve a un cambio permanente para que podamos vivir en continuo crecimiento de temporada en temporada. Debemos movernos de un nivel de revelación a otro, de un nivel de muerte al "viejo hombre" a uno mayor, y de un nivel de unción a otro.

Muchas veces el cambio es doloroso, pero cuando lo rechazamos llega un tiempo en que el residuo de nuestra vieja unción empieza a oler mal. Eso es lo que sucede cuando las personas deciden permanecer iguales, sin buscar nada nuevo de Dios y sin invertirse en las vidas de otros. Por eso la Escritura dice, *"Maldito el que hiciere indolentemente la obra de Jehová… Quieto estuvo Moab desde su juventud, y sobre su sedimento ha estado reposado, y no fue vaciado de vasija en vasija… por tanto, quedó su sabor en él, y su olor no se ha cambiado"* (Jeremías 48:10–11).

> **Cuando el Espíritu Santo se manifiesta, hay vida, y lo que estaba muerto resucita.**

La mayoría de personas no quieren cambiar o no reconocen su necesidad de hacerlo. Sin embargo, el Espíritu de Dios viene a darle vida a un ambiente que estaba muerto. Si le damos lugar para fluir en nuestra iglesia, los servicios siempre estarán marcados por la vida del Espíritu. La alabanza, la adoración, la danza, la prédica y la ministración estarán llenos de Su vida. Así que, para un cristiano, el cambio es una condición para vivir en el "ahora" permanente de Dios. Pero ¿qué necesitamos cambiar específicamente? Empecemos por lo siguiente.

DEBEMOS CAMBIAR NUESTRA MENTALIDAD

"Porque ¿quién conoció la mente del Señor? ¿Quién le instruirá? Más nosotros tenemos la mente de Cristo" (1 Corintios 2:16). Todo el que ha recibido la mente de Cristo ha experimentado una transformación; ha cambiado o renovado sus pensamientos para alinearse a los de Él. (Vea Romanos 12:2). Por eso, para fluir en el Espíritu, necesitamos cambiar la manera cómo pensamos acerca de Dios y cómo Él trabaja.

DEBEMOS CAMBIAR NUESTRA MANERA DE ORAR

Cuando el Espíritu Santo mora en nosotros, Él nos revela que somos hijos de Dios. Al recibir esa revelación, nuestra vida de oración cambia; ya no pedimos desde una posición de mendigos, sino que comenzamos a declarar como hijos de Dios, sabiendo cómo recibir nuestra herencia y cómo activar el poder del Espíritu con nuestra voz. Además, aprendemos a entrar en la presencia de Dios con gratitud, adorando en espíritu y en verdad (vea Juan 4:23–24) y teniendo cada vez más intimidad con nuestro Padre celestial. En medio de este proceso, el carácter de Cristo va creciendo en nosotros.

DEBEMOS CAMBIAR NUESTRA ALABANZA Y ADORACIÓN

Cuando la presencia del Espíritu Santo es activada en nuestro interior, los sonidos que están sonando en el cielo inmediatamente empiezan a fluir en nosotros. La alabanza que viene del cielo siempre será la que Dios quiere desatar en la tierra, y nuestro espíritu se identificará con ella. Por eso, no podemos seguir alabando a Dios con canciones del siglo pasado. Necesitamos cambiar y renovar nuestra alabanza, para declarar las obras poderosas que Dios está haciendo hoy. Esto no significa que las canciones o alabanzas viejas sean malas, sino que fueron buenas para una temporada en particular y para un movimiento del Espíritu que ya pasó.

Cuando reemplaza las canciones viejas por canciones nuevas, del trono de Dios, usted crea una nueva conexión con el fluir y la atmósfera del cielo.

Asimismo, debemos darle nueva vida a nuestra alabanza a Dios, según el Espíritu Santo nos guíe a hacerlo. Hoy es un nuevo día y mañana también lo será. Para que algo nuevo venga, tenemos que traer canciones nuevas del trono de Dios —lo que está sonando en el cielo hoy— exaltando el nombre de Jesús y Su obra terminada en la cruz, Su majestad y Su poder.

Igualmente, necesitamos cambiar nuestra adoración. Si decimos que tenemos intimidad con Dios, pero nuestras canciones hablan más de nosotros que de Él; o si hablan más de nuestra humanidad, emociones, necesidades o situaciones que de nuestro amor y devoción a Dios, urgentemente necesitamos renovar y redirigir nuestra adoración.

DEBEMOS CAMBIAR LA MANERA QUE ESCUCHAMOS

Además, debemos cambiar nuestra manera de escuchar cuando adoramos y oramos, prestando atención a los sonidos y la revelación del cielo. Asimismo, cuando alguien verdaderamente desea cambiar, debe escuchar atentamente y recibir la Palabra proclamada por el pastor o el maestro; la atesorará y la hará suya de inmediato, aplicándola a su vida. La Palabra de Dios no debería entrar por un oído y salir por el otro. Debe arraigarse en nuestros corazones y manifestarse como fruto en nuestras vidas.

DEBEMOS CAMBIAR NUESTRO AMBIENTE

Antes debo aclarar que no es lo mismo un ambiente que una atmósfera. El ambiente es lo que ya está presente, mientras que una atmósfera espiritual es creada. En ese sentido, el cielo es un ambiente, pero el trono de Dios es una atmósfera que puede ser traída a la tierra y manifestada. La atmósfera espiritual se edifica con alabanzas, oración, adoración, hablando en lenguas, con declaración de milagros, sanidades y más. En el cielo, los *"cuatro seres vivientes"* unidos alaban a Dios, diciendo, *"Santo, santo, santo es el Señor Dios Todopoderoso, el que era, el que es, y el que ha de venir"* (Apocalipsis 4:8). Donde hay una atmósfera de adoración, Dios constantemente revelará algo nuevo, y ese ambiente carga Su vida.

Cada vez que Dios llama a una persona, la saca de su ambiente.

Por definición, un ambiente requiere que interactuemos con él. Si el ambiente que sostiene su "corriente" de avivamiento no ha cambiado por años, no podrá fluir un nuevo movimiento del Espíritu a través de usted, porque seguirá pensando, hablando y actuando conforme al viejo ambiente. Conozco muchas iglesias que han tratado de tener el mismo mover del Espíritu que fluye en nuestro ministerio, pero no han tenido éxito. El error ha sido tratar de mantener su antiguo ambiente, usando las mismas canciones, prédicas y procesos rígidos del pasado, los cuales resultan obsoletos y no se alinean a lo que Dios está diciendo hoy. Jesús dijo que no debemos poner vino nuevo en odres viejos (vea Marcos 2:22). En otras palabras, el Espíritu Santo no se moverá en el ahora si usted aún vive en un ambiente del pasado.

La mayoría de líderes no pueden operar en su unción cuando tratan de ministrar en medio de un ambiente espiritualmente muerto. Se sienten atados, el poder de Dios no fluye y no saben qué hacer. La solución es aprender a traer la atmósfera del Espíritu. Primero hay que penetrar las tinieblas con alabanza a Dios, entrar en guerra espiritual para remover los principados y potestades de muerte espiritual, religiosidad, opresión y tinieblas. Desde allí, es necesario edificar el trono de Dios o Su presencia en la tierra, adorando en espíritu y en verdad de acuerdo a la dirección profética del Espíritu. Cuando el mover del Espíritu Santo viene, lo primero que hace es testificar de Jesús; por eso, debemos alinearnos a ese testimonio, para que la unción del Espíritu pueda fluir de su interior, manifestando una nueva atmósfera de vida y milagros.

Por eso, cuando voy a un lugar a ministrar y el ambiente está seco y muerto, sé que tengo que interactuar con ese ambiente. Comienzo a trabajar con la atmósfera por medio de la música, y uso las voces de personas inspiradas por el Espíritu para traer una nueva atmósfera de la vida del Espíritu a ese ambiente muerto. Mi banda de músicos y adoradores proféticos me ayudan a generar una atmósfera de adoración viva, vibrante y actual, que permite que el Espíritu fluya con nueva revelación del cielo. De esta manera, la atmósfera cambia y se vuelve un "odre nuevo" en el cual el vino nuevo del Espíritu puede ser vertido.

¡Creemos una nueva atmósfera en los ambientes renovados de nuestras iglesias y ministerios donde le demos libertad al Espíritu de Dios para moverse con poder!

ACTIVACIÓN

Diga esta oración en voz alta:

Amado Padre Celestial, te doy gracias por regalarnos Tu Espíritu Santo. Me arrepiento si de alguna manera he impedido o detenido el fluir de Tu Espíritu en mi vida y ministerio. Me arrepiento por tener una mentalidad estructurada y rígida, y te pido que el río de Tu Espíritu siga moviéndose constantemente en mí. Lávame y bautízame en Tus aguas, porque no quiero quedarme estancado como si fuera un pantano espiritual. Renuncio a todo espíritu de religiosidad, lo echo fuera y abro mi mente y mi espíritu para ser lleno de Ti continuamente. Te pido que me des sabiduría para conocer la naturaleza del Espíritu y la gracia para seguir sus movimientos. Ahora mismo, recibo una unción fresca de Ti.

Señor, ayúdame a discernir cuándo vas a decir o revelar algo, y a estar listo para obedecer Tu voz. Susúrrame la palabra revelada para hoy, para poder entrar en Tu río. Hoy decido dar pasos de fe dondequiera que voy, orando por los enfermos y echando fuera demonios. Me invertiré en otras personas, dándoles todo lo que Tú me has dado. Los activaré, los sanaré y los liberaré para Tu gloria.

Ayúdame a crear una atmósfera donde Tu Espíritu se mueva con libertad, poder y gloria. Enséñame a moverme en las diferentes corrientes y olas de poder, liberación, sanidad, riquezas, restauración, sanidad interior y fuego, para cambiar y transformar vidas. Muévete en mi vida, en mi familia, en mi ministerio y en cualquier otro ambiente en el que esté. Padre, dame Tu gracia para caminar contigo en el ahora, de manera que otros puedan ver mi relación contigo. De ahora en adelante, sigo el río, las olas y el fluir de Tu Espíritu. En el nombre de Jesús, ¡amén!

SIGA BUSCANDO
ENCUENTROS DIVINOS

Vivimos una era en la que abundan potestades engañosas, crisis y falta de fe. Hoy más que nunca necesitamos ser llenos del poder y fuego del Espíritu Santo, para poder demostrar al Dios vivo. Él está anhelando revelarse a Sí mismo a través de encuentros divinos, y a mostrar Su fidelidad en medio de los problemas de Su pueblo.

TENGA COMUNIÓN CONTINUA CON EL ESPÍRITU

Pablo oró para que la iglesia de Corinto tuviera comunión con el Espíritu Santo, diciendo, *"La gracia del Señor Jesucristo, el amor de Dios, y la comunión del Espíritu Santo sean con todos vosotros"* (2 Corintios 13:14).

Pablo sabía que, en medio de nuestra relación íntima con el Espíritu, se produce un intercambio donde renunciamos a nosotros mismos y le rendimos todo a Dios, y donde a su vez Dios nos imparte de Él mismo. Cuando tenemos comunión con el Espíritu Santo, nos volvemos uno con Él y asimilamos todo lo que Él tiene. Hoy, le animo a tener comunión continua con el Espíritu Santo para que, en medio de esos encuentros, usted sea transformado por Su poder y amor.

Como establecí al inicio de este libro, algunos encuentros con Dios son soberanos, mientras otros pueden ser iniciados por nosotros; en cualquier caso, el Señor siempre responde cuando lo buscamos de corazón. Si hacemos a un lado toda conformidad religiosa, costumbres y tradiciones, y si verdaderamente deseamos más del Espíritu de Dios, Él nos dará encuentros sobrenaturales.

TENGA HAMBRE Y SED CONTINUA DE DIOS

Como hemos visto, uno de nuestros más grandes retos es permanecer hambrientos de Dios y llenos de Él al mismo tiempo. El hambre de Dios nunca le permitirá estar lleno o satisfecho por mucho tiempo, sino que produce en usted un deseo insaciable por más de Él. El hambre y la sed por Su presencia son señales de bienestar espiritual, a la vez que demuestran nuestra humildad delante de Él.

> **La gente que tiene hambre y sed de Dios deja su conveniencia y seguridad atrás, para ir en busca de más de Dios.**

Recuerde, Dios no puede llevarlo más allá del nivel de su contentamiento. Si usted está satisfecho con lo que ha visto, lo que sabe y ha recibido de Dios, no podrá ver, saber o recibir más. Sin hambre de Dios, usted no puede moverse de donde está a donde necesita ir; pues solo el estancamiento y la irrelevancia le esperarán. Sin duda, el Espíritu Santo le da la bienvenida a quienes se apresuran a buscarlo y verdaderamente ansían un encuentro con Él. Si usted remueve toda limitación, Él lo llenará más y más, y de continuo usted se adentrará en la profundidad de Sus aguas.

Una crisis siempre captura nuestra atención, empujándonos a buscar a Dios.

A menudo, los grandes encuentros sobrenaturales ocurren en medio de las circunstancias imposibles de la gente. En la Biblia vemos casos imposibles, como Daniel siendo lanzado al foso de los leones (vea Daniel 6), o sus amigos siendo arrojados a un horno de fuego ardiendo, para ser quemados vivos por negarse a adorar a un rey humano (vea Daniel 3). Pero mientras pasaban por esas circunstancias, Daniel y sus amigos tuvieron encuentros sobrenaturales con Dios en los que hubo comunión con Él y fueron rescatados de esas horribles circunstancias. Asimismo, muchas personas hoy han tenido encuentros con Dios estando en medio de situaciones imposibles, como una enfermedad terminal, o mientras vivían una crisis, como un divorcio, un problema familiar serio o una bancarrota. En otras palabras, el encuentro vino en medio de una circunstancia que solo Dios podía cambiar. Conozco ministros que han agotado sus recursos y habilidades naturales tratando de desempeñar su ministerio, y solo después de atravesar una gran crisis se vaciaron de sí mismos y recibieron un encuentro cara a cara con Dios y Su Espíritu Santo.

Igualmente, muchos de los hijos espirituales que Dios me ha dado vinieron al Ministerio El Rey Jesús cuando atravesaban una crisis y estaban a punto de abandonarlo todo. Los recibimos, los liberamos y los llevamos a tener un encuentro con el Espíritu Santo. Hoy, ellos han sido restaurados y están impactando sus territorios con el poder sobrenatural de Dios. Lo que parecía imposible se hizo posible, y todo ocurrió después de tener un encuentro divino con el Espíritu Santo.

¡ÉSTE ES EL TIEMPO DE TENER UN ENCUENTRO DIVINO!

Declaro que éste es el tiempo en el que usted tendrá un encuentro con el Espíritu Santo que cambiará su vida. Proclamo que tal como Jesús, como hombre, fue cambiado, empoderado y comisionado, asimismo usted lo será. Lo reto y animo a que vaya en pos de Dios más que nunca; que busque más allá de lo que usted haya previamente visto o conocido de Él. Lo desafío a que anhele más encuentros sobrenaturales con el Espíritu Santo, para ser empoderado, activado, y comisionado para el propósito de hacer lo que Jesús hizo en la tierra y más.

¡No espere más! Este libro es para usted. Este mensaje es para usted. El tiempo es hoy. Dios espera que usted responda. Cristo viene pronto. Prepare su corazón a través de encuentros divinos con el Espíritu Santo. ¡Lo bendigo en el poderoso nombre de Jesús!

ACERCA DEL AUTOR

El Apóstol Guillermo Maldonado es pastor principal y fundador del Ministerio Internacional El Rey Jesús (King Jesus International Ministry), en Miami, Florida, una iglesia multicultural, considerada entre las de más rápido crecimiento en los Estados Unidos. El Rey Jesús, está fundamentada en la Palabra de Dios, la oración y la adoración, y actualmente tiene una membresía cercana a las diecisiete mil personas. Además, el ministerio ofrece cobertura espiritual a una creciente red de trescientas iglesias, las cuales están esparcidas a través de Estados Unidos, Latinoamérica, Europa, África, Asia y Nueva Zelandia, las cuales en conjunto congregan más de 600 mil personas. La formación de líderes de Reino y las manifestaciones visibles del poder sobrenatural de Dios distinguen a este ministerio, cuya membresía constantemente se multiplica.

El Apóstol Maldonado es autor de más de cincuenta libros y manuales, muchos de los cuales han sido traducidos a diferentes idiomas. Entre sus libros más recientes con Whitaker House podemos citar, *Cómo Caminar en el Poder Sobrenatural de Dios*, *La Gloria de Dios*, *El Reino de Poder*, *Transformación Sobrenatural* y *Liberación Sobrenatural*, todos los cuales están disponibles en español y inglés. Además, él predica el mensaje de Jesucristo y Su poder de redención, a través de su programa internacional de televisión, *Lo Sobrenatural Ahora (The Supernatural Now)*, el cual se transmite a través de las cadenas TBN, Daystar, Church Channel y otras cincuenta cadenas de TV, alcanzando e impactando potencialmente más de dos mil millones de personas alrededor del mundo.

El Apóstol Maldonado tiene un doctorado en consejería cristiana de Vision International University y una maestría en teología práctica de Oral Roberts University. Actualmente vive en Miami, Florida, junto a Ana, su esposa y socia en el ministerio, y sus dos hijos, Bryan and Ronald.